CATALOGUE

DES LIVRES

DE LA BIBLIOTHÈQUE

DE FEU M. DE BURE DE SAINT FAUXBIN,

*Dont la vente se fera le lundi 16 mai 1825, et jours
suivants, à six heures très précises de relevée, en
sa maison, rue Hautefeuille, n° 16.*

Les Adjudications seront faites par M⁄ᶜ Fournel, Commis-
saire-Priseur, quai des Orfèvres, n° 6.

A PARIS,

Chez Tilliard, frères, libraires du roi de Prusse, rue
Hautefeuille, n° 22.
De Bure, frères, libraires du Roi, et de la Bibliothèque
du Roi, rue Serpente, n° 7.

1825.

ORDRE DES VACATIONS.

On pourra voir les Livres tous les jours, depuis une heure jusqu'à trois.

Tous les livres seront vendus pour complets. On pourra les collationner pendant les deux heures d'exposition ; mais une fois sortis de la salle de vente, on ne les reprendra sous aucun prétexte.

Les livres seront exposés dans l'ordre suivant.

Première vacation , le lundi 16 mai 1825.

Théologie, les nᵒˢ.....	1	à 14
Sciences et Arts........	97	— 109
Histoire...................	488	— 513
Belles-Lettres...........	188	— 230

2ᵉ vacation , le mardi 17.

Sciences et Arts.	110	— 122
Théologie.................	15	— 28
Histoire....................	514	— 539
Belles-Lettres...........	231	— 273

3ᵉ vacation , le mercredi 18.

Sciences et Arts........	123	— 135
Théologie.................	29	— 42
Belles-Lettres...........	274	— 316
Histoire....................	540	— 565

4ᵉ vacation , le jeudi 19.

Sciences et Arts........	136	— 148
Théologie.................	43	— 56
Histoire...................	566	— 591
Belles-Lettres............	317	— 359

5ᵉ vacation , le vendredi 20.

Théologie.................	57	— 70
Sciences et Arts........	149	— 161
Histoire...................	592	— 617
Belles-Lettres...........	360	— 402

6ᵉ vacation , le samedi 21.

Théologie.................	71	— 83
Sciences et Arts........	162	— 174
Belles-Lettres...........	403	— 445
Histoire....................	618	— 643

7ᵉ et dernière vacation , le lundi 23.

Théologie.................	84	— 91
Jurisprudence...........	92	— 96
Sciences et Arts........	175	— 187
Histoire...................	644	— 670
Belles-Lettres...........	446	— 487

M. De Bure de Saint-Fauxbin ayant écrit sur les marges de beaucoup de ses livres , nous prévenons que pour les indiquer nous avons mis à ces articles : *Avec des notes manuscrites.* Il se trouve quelques ouvrages où, pour faire des corrections dans le texte, M. De Bure a effacé le passage imprimé et l'a rétabli, soit en l'écrivant entre les lignes , soit sur les marges.

Chobec.

p.

p.
fournel
Mlle Bodot.
la même

g charles

CATALOGUE

DES LIVRES

DE LA BIBLIOTHÈQUE

DE FEU M. DE BURE DE SAINT FAUXBIN.

THÉOLOGIE.

Textes et Versions de l'Écriture Sainte , etc.

1. Divinæ scripturæ nempè vet. et nov. Testamenti omnia , gr. *Francof.* 1597 , *in-fol. v. b. dent. l. r.* — 4 - - 50.
2. Vetus Testamentum gr. ex versioné septuaginta interpr. cum scholiis, curâ L. Bos. *Franequeræ,* 1709, 2 *vol. in-4. v. f.* — 18 - - 5.
3. Idem, gr. cum var. lectionibus, studio D. Millii. *Amst.* 1725, 2 tom. en 4 *vol. in-12. v. b.* — 12 - - 50
   Avec des notes manuscrites.
4. Biblia sacra. *Oliva R. Stephani*, 1557, 3 *vol. in-fol. v. m.* — 8
5. Eadem, ex S. Castellionis interpretatione. *Francof.* 1697, *in-fol. dem. rel.* — 2 - - 95.
6. La Sainte Bible, trad. (par N. Legros.) *Cologne,* 1739, *in-12. v. b.* — 8 - 90.
7. Psalmorum liber, græce. *Antuerp. Plantin,* 1584, *in-32. v. b.* ═ I salmi di David, trad. nella lingua italiana. *Paris,* 1573, *in-32. m. r. dent.* — 3.
8. Traduction des pseaumes de David, par Laugeois, *Paris,* 1762, 2 *vol. in-12. v. m.* — 3 - -
9. Novum Jesu-Christi Testamentum , gr. cùm du-

plici vers. latina , et annot. Th. Bezæ. 1582 , *in-fol. v. b.*

4 - - 5   10. Nov. Jesu-Christi Testamentum, gr. *Sedani*, 1628 , *in-32. v. b.*

6 - - - - 11. Idem , gr. *Amst. ex off. Elzevir.* 1658, 1 *tome en 2 vol. in-12. v. b.*

Avec des notes manuscrites.

3 - - 5   12. Novi Testamenti lib. omnes, gr. cum variant. lection. *Oxonii, e Th. Sheld.* 1675 , *in-8. v. b.*

4 - - 15   13. Novum Testamentum, gr. cum Scholiis græcis, studio J. Gregorii. *Oxon. è Th. Sheld.* 1703 , *in-fol. v. b.*

5 - - 9 5   14. Idem, gr. et lat. ex vers. et cum annot. D. Erasmi. *Lugd. Bat.* 1705, *in-fol. v. b.*

11 - - 50   15. Novum Testamentum græcum, cum lectionibus variantibus , studio J. Millii. *Amst.* 1710, *in-fol. v. b.*

10 - - 9 5   16. Idem, cum Schol. theol. et philologicis. *Londini,* 1778, 2 *vol. in-8. v. éc.*

3 - - - -   17. Novum Jesu-Christi Testamentum lat. cum paraphrasi et annotat. H. Hammondi, edente J. Clerico. *Amst.* 1698, 2 *vol. in-fol. v. b.*

5 - - 10   18. Le Nouveau Testament, trad. en françois, avec le grec et le latin à côté. *Mons,* 1673, 2 *vol.* in-8. *m. r.*

1 - - 50   19. Le même, traduit en françois. *Trevoux,* 1702, 4 *vol. in-8. v. b.*

5 - - 9 5   20. Le même, trad. par J. Le Clerc. *Amst.* 1703, 2 *tom. en* 1 *vol. in-4. v. m.*

6 - - -   21. Le même, traduit par de Beausobre et Lenfant. *Amst.* 1718, 2 *vol. in-4. v. m. dent. Gr. Pap.*

15 - - -   22. Le même, en latin et en françois, trad. par De Sacy, avec les figures d'après Moreau le jeune. *Paris,* 1793, 4 *vol. in-8.*

Dans des portefeuilles, avec l'Epître dédicatoire à l'Assemblée nationale.

Filliard

Me Bodot.

p.

p

Et- quatremere

p.

Et- quatremere

p.

Et- quatremere

Ludet.

11 Charles

15. Roy.

17. of.

20. Roy.

avec un filet manuscrit.

Lamy.

p.

St. quatremere

idem

Lamy

Decourtieux

Claud

St. quatremere

St. quatremere

32. Letr.

35. Letr.

23. Il Nuovo ed eterno Testamento di Giesu-Christo. *In Lione*, 1556, *in-18. vél. fig. en bois.*

24. Histoire critique du Vieux et du Nouveau Testament, par Richard Simon. *Rotterd.* 1685, 6 *vol. in-4. v. b.*

25. Historia et concordia evangelica. *Parisiis*, 1660, *in-12. m. bl. dent.*

26. Harmonia evangelica cui subjecta est historia Christi ex iv Evangeliis concinnata, auct. J. Clerico. *Amst.* 1699, *in-fol. v. b.*

27. C. Daubuz pro testimonio Fl. Josephi de Jesu-Christo lib. ii. *Lond.* 1706, *in-8. v. m.*

28. Figures de la Bible de Krausen, avec des explications en allemand. *Augsbourg, in-fol. v. f.*

Interprètes et Commentateurs de l'Écriture-Sainte, etc.

29. A. Agellii comment. in psalmos, et in div. officii cantica. *Romœ*, 1606, *in-fol. v. b.*

30. Synopsis criticorum aliorumque S. Scripturæ interpretum, opera M. Poli. *Londini*, 1674, *in-fol. v. b. tomes* iv *et* v.

Ces deux volumes contiennent le Nouveau Testament.

31. D. Erasmi paraphrases omnes in nov. testamentum. *Lugd. Bat.* 1706, *in-fol. v. b.*

32. J. Cappelli observationes in nov. testamentum. *Amst. apud Elzev.* 1657, *in-4. v. b.*=C. Vorstii comment. in omnes epistolas apostolicas. *Harderwici*, 1631, *in-4. v. f.*

33. Annotationes philologicæ in nov. testamentum, ex Xenophonte collectæ, a G. Raphelio. *Hamburgi*, 1720, *in-8. v. m.*

34. J. Elsner observat. sacræ in novi foederis libros. *Traj. ad Rhen.* 1720, 2 *vol. in-8. vel.*

35. E. Palairet observat. philologico-criticæ in sa-

cros novi fœderis libros. *Lugd. Bat.* 1752, *in-*8.
v. m.

36. Adagialia sacra Novi Testamenti, græco lat.
selecta ab And. Schotto. *Antuerp.* 1629, *in-*4.
v. b.

37. A. Trommii concordantiæ græcæ versionis vulgo
dictæ LXX interpret. edidit B. de Montfaucon.
Amst. 1718, 2 *vol. in-fol. v. b.*

38. Sacrorum Bibliorum vulgatæ editionis concordantiæ, recens. a F. Luca. *Coloniæ Agripp.*
1684, *in-*8. *v. b.*

39. Hierolexicon sivè sacrum dictionarium in quo
ecclesiasticæ voces, etc. elucidantur, auct. D. Ma-
cro. Melitensi. *Romæ,* 1677, *in-fol. v. b.*

40. Græco-Barbara Novi Testamenti qui orienti ori-
ginem debent, cum not. M. P. Cheitomæi. *Amst.*
L. Elzevirius, 1649, *in-*12. *v. f.*

41. G. Pasoris grammatica græca sacra Novi Testamenti. *Groningæ,* 1655, *in-*8. *v. b.*=Animad-
vers. in libros Novi Testam. auctore N. Anatch-
bull. *Oxon.* 1677, *in-*8. *v. b.*

42. G. Pasoris manuale Novi Testamenti. *Amst.*
L. Elzevirius, 1654, *in-*12. *v. f.*

43. Glossarium græcum in sacros novi fœderis libros,
edid. notis que illustr. J. Alberti. *Lugd. Bat.*
1735, *in-*8. *v. m.*

44. C. Stockii clavis ling. sanctæ Novi Testamenti.
Jenæ, 1737, *in* 8. *vel.*

45. Breviarium romanum. *Lugduni,* 1780, 2 *vol.*
*in-*12. *v. j.*

46. L'année chrétienne, en latin et en françois, (par
N. Letourneux.) *Paris,* 1697, 20 *vol. in-*12.
v. f.

47. Heures nouvelles, dédiées à Madame la Dau-
phine, en latin et en françois. *Paris,* 1686, *in-*8.
m. r. dent. doublé de m. r. dent. tab. l. r.

St. quatremere   37. pil. 11ᵈ

p.   38. pil. 4ᵈ

gregoire
                        avec 2 Bouquins
tilliard

Lamy
                        avec 2 Bouquins

p

St. quatremere.

idem

Decharly.

St. quatremere

idem

Et-quatremer.

49 feuil.
50. Letr.

avec un Bouquin   mᵉ chollet.

                         gregoiro

                         mᵉ Chollet.

                         Et-quatremere

                         Labitte

56. feuil.

58. Letr.

                         mᵉ Bodot

48. Historia Concilii Florentini, græcè scripta per S. Sguropulum, cum vers. lat. R. Cryeghton. *Hag. Com.* 1660, *in-fol. v. b.*

Saints Pères.

49. SS. Patrum qui temporibus apostolicis floruerunt, Opera, gr. et lat. stud. J. B. Cotelerii. *Antuerp.* 1698, 2 *vol. in-fol. v. m.*

50. J. C. Suiceri Thesaurus Ecclesiasticus, e Patribus græcis, ordine alphabetico concinnatus. *Amst.* 1728, 2 *vol. in-fol. v. b.*

51. Philonis Judæi Opera, gr. *Parisiis, Turnebus,* 1552, *in-fol. v. b.*

52. S. Clementis ad Corinthios epistola, gr. et lat. *Oxon.* 1677, in-12. *v. b.* == Synesii orationes et carmina, gr. et lat. ex interpret. G. Canteri. *Basil.* 1567, *in-8. v. m.*

Le premier article avec des notes manuscrites.

53. Sancti Justini Opera, gr. et lat. *Paris.* 1636, *in-fol. v. b.*

54. Ejusdem Opera omnia, gr. et lat. studio (D. P. Maran.) *Paris.* 1742, *in-fol. v. m.*

55. Tatiani oratio ad græcos, gr. et lat. cum not. var. edente W. Worth. *Oxoniæ, e Th. Sheld.* 1700, *in-8. v. f.*

56. Clementis Alexandrini Opera, gr. et lat. cum emend. F. Sylburgii. *Lutetiæ,* 1629, *in-fol. v. b.*

57. M. Minucii Felicis Octavius, cum notis variorum. *Lugd. Bat.* 1672, *in-8. vél. dent.*

58. Origenis contra Celsum lib. octo, gr. et lat. ex vers. et cum not. G. Spenceri. *Cantab.* 1658, *in-4. vél.*

59. Arnobii Afri adversus gentes lib. vii. *Lugd. Bat.* 1651, *in-4. v. m.*

60. Histoire de la mort des persécuteurs de l'Église, trad. de Lactance. *Utrecht,* 1687, *in-12. v. b.* ==

Apologétique de Tertullien , traduite par Giry. *Amst.* 1701, *in-*12. *v. b.*

61. Eusebii Pamphili evangelicæ præparationis et demonstrationis lib. gr. *Lutet. Rob. Stephanus,* 1544 *et* 1545 , 2 *tom. en* 1 *vol. in-fol. v. j.*

62. Sancti Basilii Opera omnia, gr. et lat. *Parisiis,* 1618 , 3 *vol. in-fol. v. b.*

63. Sancti Cyrilli Hierosolimitani Opera , gr. et lat. *Paris.* 1640 , *in-fol. v. b.*

64. La cité de Dieu de St-Augustin, trad. en franç. *Paris,* 1736, 4 *vol. in-*12. *v. m.*

65. Theodoreti orationes , gr. *Parisiis,* 1569, *in-*8. *v. b. l. r.*

66. Theophylacti commentarii in iv Evangelia , gr. et lat. *Lut. Par.* 1635 , *in-fol. v. b.*

67. Ejusdem in epistolas D. Pauli comment. gr. et lat. ex vers. P. Montani. *Lond.* 1636, *in-fol. v. b.*

Théologie scholastique , etc.

68. Les Provinciales , par Pascal , avec les notes de Wendrock, (Nicole.) 1712, 3 *vol. in-*12. *v. b.*

69. OEuvres de Massillon. *Paris, Beaucé,* 1817 , 4 *vol. in-*8. *br.*

70. Th. a Kempis de Imitatione Christi , lib. iv, gr. et lat. ed. G. Mayr. *Colon.* 1630 , *in-*18. *v. b.* — Psalmorum Davidis metaphrasis græca, J. Serrani, cum versione latina. *Excud. H. Stephanus,* 1575 , *in-*18. *v. m.*

71. T. a Kempis de Imitatione Christi, lib. iv , ex recens. J. M. Horstii. *Paris.* 1659, *in-*12. *v. b.* — Stratagematum Satanæ libri octo, auctore J. Acontio. *Amst.* 1652 , *in-*12. *v. b.*

72. De Imitatione Christi libri iv. *Parisiis,* 1710 , *in-*24. *v. m.* — Davidis psalmorum liber, gr. et lat. *Antuerp.* 1584 , *in-*12. *v. b.*

Et. quatremere

Decourtiere
idem
gregoire

Decourtiere

p.
Dehansy
Decourtiere

idem   avec 2 bouquins

Ronennet.   avec un bouquin

chobec

idem

Decourtieres

p.

Caron

p

p

Caron

p

p.

84 charles.

avec 2 bouquins

p

73. De Imitatione Christi lib. iv, ex recens. J. Va- 2 -- 50.
lart. *Parisiis, Barbou*, 1764, *in-12. fig. v. m.*

74. Imitation de Jésus-Christ, trad. par Valart. 3 - 75.
Paris, Barbou, 1780, *in-12. fig. m. noir.*

75. Paradisus animæ Christianæ, auct. J. Merlo 2.
Horstio. *Colon. Agripp.* 1670, 2 *vol. in-8. v. m.*

76. Veridicus Christianus, auct. P. J. David. *An-* 3 - 50 . 𝒟
tuerp. 1601, *in-4. fig. v. b.*

77. Hugo Grotius de veritate religionis Christianæ. 1 .
Lipsiæ, 1709, *in-12. v. b.*

78. Traité de la vérité de la religion chrétienne, par 4
J. Abbadie. *La Haye*, 1741, 3 *vol. in-12. v. j.*

79. Ph. a Limborch de veritate religionis Christianæ 1 .
amica Collatio, cum erudito Judæo. *Goudæ*,
1687, *in-4. v. b.*

80. Le sens littéral de l'Écriture Sainte, défendu 2 - 95.
contre les objections des anti-scripturaires, etc.
trad. de l'angl. de Stackhouse. *La Haye*, 1741,
3 *vol. in-12. v. m.*

81. Lettres de quelques Juifs portugais et allemands 4 - 5 .
à M. de Voltaire, (par l'abbé Guenée.) *Paris*,
1772, 2 *vol. in-8. v. m.*

82. Traité de l'athéisme et de la superstition, trad. 1 - 5 .
du lat. de J. F. Buddeus, par L. Philon. *Amst.*
1740, *in-8. v. m.*

83. Arcana atheismi revelata philosophice et para- 1
doxe refutata per F. Cuperum. *Roterod.* 1676,
in-4. v. b.

84. Defense du Paganisme par l'empereur Julien, 2 - 10 𝒟
en grec et en françois, par d'Argens. *Berlin*,
1767, *in-8. v. b. avec beaucoup de corrections*
de M. De Bure.

85. Discours de l'empereur Julién contre les chré- 2 -- 60 .
tiens, trad. par le marq. d'Argens. *Berlin*, 1768,
in-8. v. m.═ Les Princesses Malabares, ou le Cé-

libat philosophique. *Andrinople*, 1734, *in-12.*
v. f.

Théologie hétérodoxe, etc.

86. B. D. Spinosæ tractatus theologico-politicus. *Hamburgi*, 1670, *in-4. v. m.*

87. Præadamitæ, sive exercitatio quâ inducuntur primi homines ante Adamum conditi, (auct. I. de la Peyrere.) 1655, *in-4. v. j.*

88. Had. Beverlandi de fornicatione cavendâ admonitio. *Juxta exemplar Londinense*, 1698, *in-8. br.*

Avec des notes manuscrites.

89. Discours sur la liberté de penser, trad. de l'angl. (d'A. Collins.) *Londres*, 1717, *in-12. v. b.*

90. Recueil de pièces curieuses sur les matières les plus intéressantes, par A. Radicati. *Rotterdam*, 1736, *in-8. v. j.*

91. La religion des Mahométans, exposée par leurs propres docteurs, trad. du lat. de Reland. *La Haye*, 1721, *in-12. fig. v. b.*

JURISPRUDENCE.

92. J. Molani de fide hæreticis servanda, etc. lib. v. *Coloniæ*, 1584, in-8. *v. m.* == Sylvæ Nuptialis lib. sex, auct. J. Nevizano. *Lugduni*, 1545, *in-8. v. m.*

93. Les Devoirs de l'homme et du citoyen, trad. du latin de Pufendorf, par Barbeyrac. *Amsterdam*, 1715, *in-12. v. j.*==Principes du droit politique, par J. J. Rousseau. *Amsterdam*, 1762, *in-8. v. m.*

94. Theophili antecessoris institutionum, lib. IV, gr.

pillet.

gregoire

p.

p.

Caron

p.

m. Bodot.

feuillet.

86. pil. 9#

feuillet.

m^c Bodet.

la meme

la meme

p.

p.

Ludet.

104 - Luct. azo^+   avec des notes et l'hist. des animaux
et un vol. est piqué des vers. l'exemplaire
est très rogné et peu beau

et lat. ex recens. C. A. Fabroti. *Parisiis*, 1638,
in-4. v. b.

95. Lexicon juris civilis, per J. Spiegel. *Lugduni*,
1552, *in-fol. v. f.*

96. B. Brissonii de verborum quæ ad jus pertinent
signification libri XIX. *Parisiis*, 1596, *in-fol. v. b.*

SCIENCES ET ARTS.

Philosophes anciens et modernes, etc.

97. Théologie payenne, par de Burigny, ou Senti-
mens des philosophes payens sur Dieu, etc. *Paris*,
1754, 2 *vol. in-*12. *v. m.*

98. Hieroclis in aurea carmina, comment. gr. et lat.
Londini, 1742 , *in-8. v. b.*

99. La vie de Pythagore, ses symboles, ses vers do-
rés, etc. par Dacier. *Paris*, 1706, 2 *vol. in-*12. *v. b.*

100. Ocellus Lucanus, en grec et en franç. trad.
par le marquis d'Argens. *Berlin*, 1762, *in-8. v. m.*
═Timée de Locres, en grec et en franç. par le
même. *Berlin*, 1763, *in-8. v. b.*

101. Ocellus Lucanus, de la nature de l'univers, en
grec, et trad. en franç. par Batteux. *Paris*, 1768,
in-8. v. m. ═ Histoire des causes premières, par
le même. *Paris*, 1769, *in-8. v. m.*
Avec beaucoup de notes manuscrites.

102. Æschinis Socratici dialogi tres, gr. et lat. ex
vers. et cum not. J. Clerici. *Amst.* 1711, *in-8.*
v. j.

103. OEuvres de Platon, trad. du grec, avec des
remarques, par Dacier. *Paris*, 1701, 2 *vol.*
*in-*12. *v. b.*

104. Aristotelis Opera quæ extant, græcè, opera F.

Sylburgii. *Francofurti*, 1584, 11 *tom. rel. en* 6 *vol. in-4. v. m.*

22--50 105. Maximi Tyrii dissertationes, gr. et lat. cum annot. J. Marklandi. *Londini*, 1740, *in-4. v. f.*

5--65 106. Sexti Empirici Opera quæ extant, gr. et lat. ex interpret. H. Steph. *Col. Allobr.* 1621, *in-fol. v. j.*

2---- 107. Traité sur l'abstinence de la chair des animaux, trad. du grec de Porphyre, par de Burigny. *Paris*, 1747, *in-12. v. m.* == Traduction de différens traités de morale de Plutarque, par Gaudin. *Paris*, 1777, *in-12. v. m.*

9--10 108. Jamblichi chalcid. de Mysteriis liber, gr. et lat. ed. T. Gale. *Oxonii*, 1678, *in-fol. v. b.*

5--- 109. L. An. Seneca, cum notis A. Mureti. *Romæ*, 1585, *in-fol. v. b.*

2--50 110. L. An. Senecæ philosophi, et M. An. Senecæ rhetoris quæ extant. *Amst.* 1635, *in-12. v. m.* == Essais sur divers sujets intéressans de politique et de morale. 1760, 2 *vol. in-12. v. j.*

11--50 111. Les OEuvres de Sénèque le philosophe, trad. en franç. par Lagrange, avec la vie par Diderot. *Paris*, 1778, 7 *vol. in-12. v. m.*

6--50 112. A. M. T. S. Boethii de consolatione philosophiæ libri v, recens. Johannes Eremita, (Joannes Franciscus De Bure de Saint-Fauxbin.) *Paris.* 1783, *in-12. v. j.*

2--- 113. OEuvres philosophiques, par La Mettrie. *Londres*, 1751, *in-4. m. bl.*

Moralistes anciens et modernes, etc.

1--50 114. F. Baconi de Sapientiâ veterum liber. *Lugd. Bat.* 1633, *in-18. v. b.* ==J. Jonstoni thaumatographia naturalis. *Amst.* 1633, *in-18. v. b.*

2--95 115. Cebetis tabula, gr. et lat. edente T. Johnson. *Lond.* 1720, *in-8. v. j. Ch. Mag.*

gregoire

labitte

La bitte

p.

p.

chobec.

112. d. b.

Lamy

idem

mᶜ bobot.

108. alt. xt

118 charles .

Labitte

Barre¹. de l'marc

mᶫᶫᵉ Bodot.

Lamy

chobec
(

Mᶜ Bodot.

p

Decourtieres

Lamy

p.

116. La morale d'Epicure, tirée de ses propres écrits, par l'abbé Batteux. *Paris*, 1758, *in*-8. *v. m.*

117. Theophrasti characteres ethici, gr. et lat. cum not. var. ed. P. Needham. *Cantabr.* 1712, *in*-8. *v. b.*

118. Theophrasti characteres ethici, gr. et lat. ex recens. P. Needham. *Glasg.* 1743, *in*-12. *v. m.*
Avec des notes manuscrites,

119. Epicteti Enchiridion et Cebetis tabula, gr. et lat. *Antuerp. Plantin*, 1585, *in*-18. *vél.* == Le même Epictète, traduit en françois, avec le texte, par Lefebvre de Villèbrune. *Paris*, 1783, *in*-18. *br.*

120. Epicteti Enchiridion et Cebetis tabula, gr. et lat. *Lugd. Bat. Maire*, 1634, *in*-32. *v. f.* == Manuel d'Epictète, trad. par Dacier. *Paris, Didot*, 1775, *in*-18. *m. bl.*
Avec des notes manuscrites.

121. Epicteti Enchiridion, una cum Cebetis tabula, gr. et lat. cum not. M. Casauboni. *Lond.* 1659, *in*-8. *v. b.* == Les caractères de La Bruyère. *Amst.* 1763, 2 *vol. in*-12. *v. m.*

122. Epicteti Enchiridion, et Cebetis tabula, gr. et lat. cum not. var. ed. A. Berkelio. *Delphis*, 1683, *in*-8. *vél. dent.*

123. Epicteti Enchiridion, Theophasti characteres ethici, gr. et lat. edente Aldrich. *Oxon. è Th. Sheld.* 1707, *in*-8. *v. b.*

124. Epicteti manuale et Cebetis tabula, gr. et lat. cum emend. Meibomii, curante H. Relando. *Traj. Bat.* 1711, *in*-4. *v. j.*

125. Epicteti quæ supersunt, gr. et lat. ex recens. J. Uptoni. *Londini*, 1741, 2 *vol. in*-4. *v. f.*
Avec beaucoup de notes manuscrites.

126. Epicteti Enchiridion, gr. *Glasguæ*, 1751, *in*-32. *m. r.*
Avec des notes manuscrites.

127. Epicteti Enchiridion, gr. curante J. B. Lefebvre de Villebrune. *Parisiis*, 1782, *in*-18. *br.* = Cebetis tabula, gr. et lat. cum not. J. Gronovii. *Amst.* 1689, *in*-12. *v. m.*

128. Simplicii comment. in enchiridion Epicteti, gr. et lat. cum not. Salmasii. *Lugd. Bat.* 1640, *in*-4. *v. f.*

129. Le Manuel d'Épictète, avec le comment. de Simplicius, trad. du grec, par Dacier. *Paris*, 1776, 2 *vol. in*-12. *v. m.*
Avec des notes manuscrites.

130. Arte di corregger la vita humana, scritta da Epitteto, trad. da M. Franceschi. *In Venetia*, 1583, *in*-8. *v. f.*

131. Marci Antonini imper. de seipso et ad seipsum lib. xii, gr. et lat. cum not. M. Casauboni. *Londini*, 1643, *in*-8. *v. f.*
Exemplaire de De Thou.

132. Marci Antonini imperatoris de rebus suis libri xii, gr. et lat. ed. T. Gatakero. *Londini*, 1697, *in*-4. *vél.*

133. De la Sagesse, par P. Charron. *Paris*, 1664, *in*-12. *v. m.* = Les trois Vérités, par le même. *Paris*, 1595, 2 *vol. in*-12. *v. m.*

134. Les Mœurs, (par Toussaint.) 1748, *in*-8. *v. b.* = Le Monde, son origine et son antiquité, (par Mirabaud.) *Londres*, 1751, *in*-8. *v. m.*

135. Poggii Bracciolini historiæ de varietate fortunæ, cum not. D. Georgii, ed. J. Oliva Rhodigino. *Parisiis*, 1723, *in*-4. *v. b.*

Politique, etc.

136. Hieron, ou Portrait de la condition des Rois, par Xenophon, en grec et en françois, trad. par P. Coste. *Amst.* 1711, *in*-8. *cart. non rogné.*

137. Imp. Cæs. Man. Palæologi præcepta éduca-

P.

Lamy

130. C.

131. C.

Chobée

Mᵉ Bodot.

decourtiere

merlin

Duprat Dunoyer
et
Mᵉ Bodot.
Duprat Dunoyer

137. Droit. pᵗ

138. Bois. h+

146. of.

Ct. quatremère.

grégoire

Duprat Duvergier

feuillet.

grégoire

Labitte

mc Chollet.

Labitte

Ct. quatremère.

tionis regiæ, ad Joannem filium, gr. et lat. ex interp. J. Leunclavii. *Basil.* 1578, *in-8. v. j.*

138. Theophilacti institutio regia, gr. et lat. ed. P. Possino. *Paris. e Typ. Reg.* 1651, *in-4. v. f.*   5. -6o.

139. J. Marianæ de Rege et Regis institutione lib. III. 1611, *in-8. v. f.*   2.

140. Considérations politiques sur les coups d'état, par G. Naudé. 1667, *in-12. v. j. avec la sphère.*   3.

141. Histoire naturelle de l'âme, trad. de l'anglois de Charp, (composée par La Mettrie.) *La Haye,* 1745, *in-8. v. m.*

142. Alexandri Aphrodisiensis, ad imperatores de fato, etc. lib. gr. et lat. *Londini,* 1658, *in-8. v. f.*   2.

143. De l'Esprit, par Helvétius. *Paris,* 1758, *in-4. v. f.*   2.

144. Recherches sur l'entendement humain, par Th. Reid, trad. de l'anglois. *Amst.* 1768, 2 *vol. in-12. v. m.* = Essais philosophiques sur l'entendement humain, par Hume, trad. de l'anglois. *Amst.* 1758, 2 *vol. in-12. v. m.*   3. -85.

145. Essai sur l'origine des connoissances humaines, traité des systèmes et des sensations, par Condillac. *Amst.* 1746 *et ann. suiv.* 4 *vol. in-12. v. éc. et v. in.*   4. -10.

146. Traité de l'esprit de l'homme, suivant Descartes, par L. de La Forge. *Amst. Wolfgang,* *in-12. vél.*   1. -5o.

147. Examen des esprits pour les sciences, traduit de l'espagnol de J. Huarte, par F. Savinien d'Alquie. *Amst.* 1672, *in-18. v. b.* = Théorie des sentiments agréables, (par Levesque de Pouilly.) *Paris,* 1774, *in-8. v. m.*   1. -5o.

148. Essai philosophique sur l'ame des bêtes, par Boullier. *Amst.* 1737, 2 *vol. in-12. v. f.* =   2.

Amusement philosophique sur le langage des bêtes, (par le P. Bougeant.) *Paris, 1739, in-12. v. b.*

149. Traité sur les apparitions des esprits et sur les vampires, etc. par D. Calmet. *Paris, 1751, 2 vol. in-12. v. m.*

150. Histoire des imaginations extravagantes de M. Oufle, (par Bordelon.) *Paris, 1754, 2 vol. in-12. fig. v. m.*

Histoire naturelle, etc.

151. C. Plinii Secundi historia naturalis, cum notis J. Harduini. *Paris. (Basileæ,)* 1741, 3 *vol. in-fol. v. b.*

152. T. Burnetii Telluris theoria sacra. *Londini,* 1702, *in-4. v. f.* ═Archeologiæ philosophicæ, sive doctrina antiqua de rerum originibus, lib. duo, (auct. T. Burnetio.) *Londini,* 1692, *in-4. v. f.*

153. Géographie physique, ou Essai sur l'histoire naturelle de la terre, trad. de l'angl. de Wodvard, par Noguez. *Paris, 1735, in-4. v. m.*

154. Traité des pierres de Théophraste, traduit du grec. *Paris, 1754, in-12. v. j.*

155. Des Pierres précieuses et des pierres fines, avec les moyens de les connaître et de les évaluer, par L. Dutens. *Paris, Didot, 1776, in-18. m. r.*

156. M. Catonis, Terent. Varronis, et Mod. Columellæ lib. de re rustica, ex recogn. P. Victorii. *Lugd.* 1541, *2 vol. in-8. v. m.* ═De re hortensi libellus, etc. *Paris. Rob. Steph.* 1536, *in-8. v. f.*

157. La théorie et la pratique du jardinage, par Roger Schabol. *Paris, 1774, 3 vol. in-12. fig. v. m.* ═ Dictionnaire du jardinage, par le même. *Paris, 1767, in-12. fig. v. m.*

158. P. Dioscoridis Opera quæ extant, gr. et lat. *(Francof.)* 1598, *in-fol. v. j.*

filliard.

idem

M Chollet.   151. Mill. pmt

St. quatremere

M Chollet   avec 2 Bouquins

gregoire
pr

gregoire   avec 2 Bouquins

et. quatremere.

Mᵉ Chollet.

Labitte

Decourtieu

Lamy

p.

p.

avec un Bouquin

165. gu.

Mouannet.

Chobée

p

p

170. Auch. x⁺ quat-h⁺

Labitte

159. P. A. Matthioli commentarii in sex libros Pe-
dacii Dioscoridis de materiâ medicâ. *Venetiis*,
1565, *in-fol. fig. v. b.*

160. Æliani de naturâ animalium libri, gr. et lat.
cur. A. Gronovio. *Londini*, 1744, 2 *vol. in-4.*
v. f. dent.

161. L'Histoire entière des poissons, trad. du lat. de
Rondelet. *Lyon*, 1558, *in-fol. fig. v. b.*

162. Prodigiorum ac Ostentorum Chronicon, per
C. Lycosthenem. *Basileæ*, 1557, *in-fol. v. m.*
fig. en bois.

163. Aphorismi Hippocratis, gr. et lat. *Genevæ*,
1628, 2 *vol. in-18. v. b.*

164. Magni Hippocratis opuscula Aphoristica, gr.
et lat. ex interpr. A. Foesii. *Basil.* 1748, *in-8.*
v. éc.

165. Hippocratis Aphorismi, gr. et lat. cum not.
var. edent. J. C. Rieger. *Hag. Com.* 1767,
2 *vol. in-8. v. m.*

166. Idem opus, gr. et lat. ex vers. J. B. Lefebvre
de Villebrune. *Parisiis*, 1779, *in-12 v. m.* ==
Albertus Magnus de secretis mulierum. *Amst.*
1665, *in-18. v. b.*

167. A. C. Celsi de medicinâ libri octo, recens. J.
Valart. *Paris.* 1772, *in-12. v. éc.*

168. Medecine pratique de Sydenham, traduite de
l'anglais. *Paris*, 1774, *in-8. v. m.*

169. L'Onanisme, par Tissot. *Lausanne*, 1769,
in-12. v. m. == Essai sur les maladies des gens du
monde. *Paris*, 1771. == De la santé des gens de
lettres, par le même. *Paris*, 1769, *in-12. v. m.*
Avis au peuple sur sa santé, par le même. *Paris*,
1772, *in-12. v. m.*

170. Apicii Cœlii de opsoniis et condimentis, sive de
arte coquinaria libri decem, cum annot. M. Lis-
ter et variorum. *Amst.* 1709, *pet. in-8. v. m.*

171. L. Nonni diæteticon, sive de re cibariâ lib. IV: *Antuerp.* 1646, *in-4. v. m.*

172. Le nouveau traité du thé, du café et du chocolat, pour la préservation des maladies, par de Blegny. *Lyon*, 1667, *in-12. v. m.*

173. Essais anatomiques, par Lieutaud. *Paris*, 1742, *in-8. fig. v. b.*

174. Chimie expérimentale, par Baumé. *Paris*, 1773, 3 *vol. in-8. fig. v. m.*

Arts libéraux et mécaniques, etc.

175. Observations historiques et critiques sur les erreurs des peintres, sculpteurs et dessinateurs, dans la représentation des sujets tirés de l'Histoire Sainte, (par Molé.) *Paris*, 1771, 2 *vol. in-12. v. m.*

176. Recueil de quarante vignettes et portraits, dont plusieurs gravés par Marcenay.

177. Habiti antichi e moderni di tutto el mondo. *In Venetia*, 1598, *in-8. v. m. fig. en bois.*

178. Onosandri strategicus, gr. et lat. ex vers. et cum not. N. Rigaltii. *Parisiis*, 1599, *in-4. v. f.*

179. Arriani ars tactica, gr. et lat. cum not. var. et ex recens. N. Blancardi. *Amst.* 1750, *in-8. v. m.*

180. Polyæni strategemata, gr. et lat. cum not. var. *Lugd. Bat.* 1690, *in-8. vél. dent.*

181. Fl. Vegetii de re militari lib. IV, cum not. var. *Lugd. Bat.* 1592, *in-8. vél.*

182. S. Jul. Frontini quæ extant, R. Keuchenius not. illust. *Amst.* 1661, *in-8 v. b.*

183. S. Jul. Frontini strategemata, curante Valart. *Lutet.* 1763, *in-12. v. m.*

184. H. Mercurialis de arte gymnastica lib. sex. *Parisiis*, 1577, *in-4. fig. v. m.*

185. Histoire générale de la danse sacrée et profane, par Bonnet. *Paris*, 1724, *in-12. v. f.*

gregoire

Rouannet.

P

                                              17.f.bre.

garnot.   17.b. bre.

Labitte

m° Bodot.

la meme   avec un vol. de differents Catalogues.

P

Caron

Lamy

pierre

Mr Bodot.

p.

p.

191 charles

Mr Bodot.

la meme

p.

186. Pascasii Justi alea, sive de curanda in pecu-
niam ludendi cupiditate lib. duo. *Neapoli*, 1617,
in-4. v. b.

187. Dictionnaire raisonné des arts et métiers, par
Jaubert. *Paris*, 1773, 5 *vol. in-8. v. m.*

BELLES-LETTRES.

*Grammaires et Dictionnaires des langues
orientales, etc.*

188. De la manière d'enseigner et d'étudier les
Belles-Lettres, etc. par Rollin. *Paris*, 1748, 4 *vol.
in-12. v. m.*

189. Ambr. Calepini dictionarium octolingue. *Lugd.*
1647, 2 *vol. in-fol. v. b.*

190. Etymologicum trilingue, auct. J. Fungero.
Lugd. 1607, *in-4. v. b.*

191. J. A. Comenii janua linguarum reserata, gr.
lat. et gall. *Amst. L. Elzevirius*, 1643, *in-8.
v. b.*

192. Nouvelle méthode pour apprendre facilement
les langues hébraïque et chaldaïque, (par J. Re-
nou.) *Paris*, 1708, *in-8. dem.-rel.*

193. Racines hébraïques, sans points-voyelles, (par
Houbigant.) *Paris*, 1732, *in-8. vel. vert.* ==
Grammatica hebraica a punctis libera. *Parisiis*,
1716, *in-12. v. m.*

194. C. Noldii concordantiæ particularum ebræo-
chaldaicarum. *Jenæ*, 1734, *in-4. v. m.*

195. Glossarium universale hebraicum, auct. L.
Thomassino. *Paris, e Typ. Reg.* 1697, *in-fol.
v. m.*

B

Grammaires et Dictionnaires de la langue grecque.

196. Constantini Lascaris grammaticæ compendium, gr. et lat. *Venetiis, P.Manutius,* 1557, *in-*8. *v. m.*

197. Apollonii Alexandrini de syntaxi, lib. IV, gr. et lat. cum annot. F. Sylburgii. *Francof.* 1590, *in-*4. *v. m.*

198. Institutiones ling. græcæ, a N. Clenardo. *Amst. apud Elzev.* 1660, *in-*8. *v. b.*=G. Schioppii grammatica philosophica. *Amst.* 1659, *in-*12. *vel.*

199. Nouvelles méthodes pour apprendre la langue grecque et la langue latine, par MM. de Port-Royal. *Paris,* 1696 *et* 1686, 2 *vol. in-*8. *v. b.*

200. Græcæ linguæ dialecti, auct. M. Maittaire, et ex recens J. F. Reitzii. *Hag. Com.* 1738, *in-*8. *vél. vert.*

201. Le jardin des racines grecques. *Paris,* 1682, *in-*12. *v. b.* =D. Vechneri hellenolexias, sive parallelismi grœco-latini, lib. II. *Gothæ, in-*12. *v. m.*

202. De verbis græcorum mediis, commentationes L. Kusteri, etc. et ex recens. C. Wolle. *Lipsiæ,* 1752, *in-*12. *v. f.* = L. Vallæ de linguæ latinæ elegantia, lib. sex. *Cantab.* 1688, *in-*8. *v. b.*

203. Doctrina particularum linguæ græcæ, auct. H. Hoogeveen. (*Lugd. Bat.*) 1769, 2 *vol. in-*4. *v. m.*

204. M. Devarii liber de græcæ linguæ particulis, cum not. J. G. Reusmann. *Lipsiæ,* 1775, *in-*8. *v. m.*

205. Ammonius de adfinium vocabulorum differentia, gr. emendat. et not. illustravit L. C. Valckenaer. *Lugd. Bat.* 1739, *in-*4. *v. b.*

aillaud

p.

m c Bodot.

gregoire

p.

limonet.

idem

idem

idem

207 Charles

210. alt. az^t

211. Lnch. px^t

tilliard.

p.

m^c Rodet.

limonet.

chobec.

gregoire

Dillaras

Aarrois ainé.

Ladet.

p.

tilliard.

206. A. Caninii hellenismi. *Parisiis, Morel,* 1555,
    in-4. m. noir.

207. F. Vigeri depræci puis græcæ dictionis idiotis-
    mis libellus, cum animad. H. Hoogeveen. *Lugd.*
    Bat. 1766, *in-8. vel.*
Avec des notes manuscrites.

208. Lamb. Bos ellipses græcæ. *Lugd. Bat.* 1750,
    in-8. vél. vert. == Libellus de ellipsibus latinis,
    auct. J. F. Grimm. *Francof.* 1743, *in-8. vel.*
    vert.
Le premier article avec des notes manuscrites.

209. Comment. linguæ græcæ, auct. G. Budæo.
    Parisiis, 1548, *in-fol. peau de truie.*

210. Etymologicon magnum, græce, opera F. Syl-
    burgii. *Ex typog. H. Commelini,* 1594, *in-fol.*
    v. b.

211. Julii Pollucis onomasticon, gr. et lat. ex re-
    cens. T. Hemsterhuis. *Amst.* 1706, 2 *tom. en* 1
    vol. in-fol. vel. dent.

212. Harpocrationis lexicon decem oratorum, gr.
    et lat. ex recens. H. Valesii. *Lugd. Bat.* 1683,
    in-4. v. b.

213. Hesychii lexicon, græce, cum animadv. J. Al-
    berti. *Lugd. Bat.* 1746, 2 *vol. in-fol. v. f.*

214. Suidæ lexicon, gr. et lat. ex recens. et cum
    not. L. Kusteri. *Cantabr.* 1705, 3 *vol. in-fol.*
    v. m.
Avec des notes manuscrites.

215. Cyrilli, Philoxeni, aliorumque veterum glos-
    saria latino-græca, et gr. lat. a C. Labbeo col-
    lecta. *Lut. Par.* 1679, *in-fol. v. b.*

216. Dictionarium Varini Phavorini, gr. *Basil.*
    1538, *in-fol. v. m.*

217. J. Scapulæ Lexicon græco-latinum. *Amstel.*
    1687, *in-fol. peau de truie.*

218. Lexicon græco-latinum. *Apud Joan. Crispinum*, 1554, *in-fol. v. b.*

Cet exemplaire est chargé d'additions et de corrections manus-crites.

219. Rob. Constantini lexicon græco-latinum. *Gènevæ*, 1592, *in-fol. v. b.*

220. C. Schrevelii lexicon manuale græco-latinum et lat. græcum. *Lugd. Bat.* 1670, *in-8. vel.*

221. Thesaurus græcæ linguæ, auct. G. Robertson. *Londini*, 1676, *in-4. peau de truie.*

222. Græcum lexicon manuale a B. Hederico insti-tutum, edente J. A. Ernesti. *Londini,* 1766, *in-4. v. b.*

Avec des notes manuscrites.

223. T. Magistri Onomasticon atticum, gr. cum not. var. curante J. S. Bernard. *Lugd. Bat.* 1757, *in-8. vel. vert.*

224. Mœridis Atticistæ lexicon atticum, gr. cum not. var. ed. J. Piersono. *Lugd. Bat.* 1759, *in-8. vel. vert.*

225. Phrynichi eclogæ nominum et verborum at-ticorum, gr. et lat. cum not. var. accurante J. C. de Pauw. *Traj. ad Rhen.* 1739, *in-4. vel. vert.*

226. Dictionarium doricum, græco-latinum, auct. Æ. Porto. *Francof.* 1603, *in-8. v. b.*

227. Timæi Sophistæ lexicon vocum platonicarum, gr. edidit et animadv. illust. D. Ruhnkenius. *Lugd. Bat.* 1754, *in-8. v. m.*

228. Thesaurus græcæ poeseos, sive lexicon græco-prosodiacum, auct. T. Morell. *Etonæ,* 1762, *in-4. dem. rel. non rogné.*

229. Apollonii Sophistæ lexicon græcum Iliadis et Odysseæ, cum versione latina et notis J. B. C. d'Ansse de Villoison. *Lut. Par.* 1773, *2 tom. en 1 vol. in-4. v. m.*

218 charles

Chobec

p.

Gilliard

idem p.

chobec

idem

p.

p.

Labitte

n° Bodot.

imparfait.

227. Letr.

230. Luch. p†   mᶜ Bodot.

                 très piqué   la même

                                       p.

233. alt. ah† Luch. hx†

                                       feuillet

              avec ₤ Bouquins   mᶜ Bodot.

                                       Barré

                                       p.

                                       p.
                                       feuillet

                                       corneille

                                       p.

230. Clavis Homerica , sive lexicon vocabulorum Iliadis et Odysseæ. *Roter.* 1662, *in-8. v. b.*

231. Pindaricum lexicon, auctore Æ. Porto. *Hanoviæ*, 1606, *in-8. v. b.*

232. Novus apparatus græco-latinus. *Parisiis*, 1754, *in-4. v. m.*

233. Glossarium ad scriptores mediæ et infimæ græcitatis, auct. C. Dufresne, dom. Du Cange. *Lugd.* 1688, 2 *vol. in-fol. v. b.*

Grammaires et Dictionnaires des langues latine, etc.

234. Auctores linguæ latinæ in unum redacti corpus, cum not. Gothofredi. 1585, *in-4. v. m.*

235. Ad M. Ter. Varronis assertiones analogiæ latini sermonis appendix H. Stephani. *Excud. H. Stephanus*, 1591, *in-8. v. b.*

236. F. Sanctii Minerva, seu de causis linguæ latinæ comment. cum not. J. Perizonii. *Amst.* 1714, *in-8. vel.*

237. G. J. Vossii de vitiis sermonis et glossematis latino-barbaris , libri iv. *Amst. L. Elzevirius*, 1645, *in-4. v. f.*

238. Ejusdem Etymologicon linguæ latinæ. *Amst. apud Elzevirios*, 1662, *in-fol. v. b.*

239. J. M. Gesneri index etymolog. latinitatis. *Lipsiæ*, 1749, *in-8. v. m.*

240. Dictionarium latino-gallicum. *Lutet. C. Stephanus*, 1561, *in-fol. v. b.*
Avec des notes manuscrites.

241. Novus linguæ et eruditionis romanæ Thesaurus, a J. M. Gesnero. *Lipsiæ*, 1749, 4 *vol. in-fol. v. j.*

242. M. Martinii Lexicon philologicum. *Traj. Bat.* 1711, 2 *vol. in-fol. br. en cart.*

243. B. Fabri Thesaurus eruditionis scholasticæ, ex recens. J. M. Gesneri. *Hag. Com.* 1738, 2 *vol. in-fol. v. f.*

244. Dictionarii utriusque linguæ lat. et gallicæ compendium. *In-fol. v. b.*

245. Novitius, seu dictionarium latino-gallicum. *Lutetiæ Parisior.* 1721, 2 *vol. in-4. v. j.*

246. Nizolius, sive Thesaurus Ciceronianus. *Basil.* 1572, *in-fol. v. b.*

247. Ciceronianum Lexicon græco - lat. *Augustæ Taurin.* 1743, *in-8. v. m.*

248. Vocabulaire universel latin - françois. *Paris*, 1754, *in-8. vel.* ⟹ Dictionnaire d'antiquités grecques et romaines, par Furgault. *Paris*, 1768, *in-8. v. m.*

249. Glossarium ad Scriptores mediæ et infimæ latinitatis, auct. Du Cange. *Lut. Par.* 1678, 3 *vol. in-fol. v. b.*

250. Traité de la Grammaire françoise, par Regnier-Desmarais. *Paris*, 1705, *in-4. v. b.*

251. Remarques de Vaugelas sur la langue françoise. *Paris*, 1738, 3 *vol. in-12. v. m.*

252. Trésor de recherches et antiquités gauloises et françoises, par Borel. *Paris*, 1655, *in-4. v. b.*

253. Dictionnaire étymologique de la langue françoise, par Ménage. *Paris*, 1694, *in-fol. v. b.*

254. Dictionnaire de la langue romane, ou du vieux langage françois, (par Lacombe.) *Paris*, 1768, *in-8. v. m.*

255. Dictionnaire de l'Académie françoise. *Paris*, 1694, 2 *vol. in-fol. v. b.*

256. Dictionnaire universel de tous les mots françois, par Furetiere. *La Haye*, 1727, 4 *vol. in-fol. v. m.*

257. Dictionnaire comique, satyrique, etc. par Le Roux. *Amst.* 1718, *in-8. v. b.* ⟹ Dictionnaire néologique à l'usage des beaux esprits du siècle,

Et quatrimeno

P

Billarano

idem

Gilliard.

Desforges

porquet.

Desforges.

aillaud

porquet.

gregoire

Ludet.

porquet.

Desforges.

p.

Bidot.

p.

Labitte

tilliard

p.

chobec

Billaran

m^lle Bodot.

chobec

imparf. dans le tome 2e.

268 - alt. h^+

(par l'abbé Desfontaines.)*Amsterdam*, 1750, *in-12.*
v. m.

258. Dictionnaire ital. françois, par Veneroni. *Amst.*
1729, *in-4. v. m.*

259. Dictionnaire italien, latin et françois, par Antonini. *Paris*, 1743, *in-4. v. m. le tome* 1er.

Rhéteurs et Orateurs grecs et latins.

260. Aphthonii progymnasmata. *Amst. L. Elzevir.*
1665, *in-12. v. b.*

261. D. Longinus de sublimitate, gr. et lat. cum not.
T. Fabri. *Salmurii*, 1663, *in-12. v. b.*
Avec des notes manuscrites.

262. Idem Longinus, gr. et lat. *Edinburgi*, 1733,
in-12. v. j. = Prælectiones in Philippicam de pace,
Demosthenis, auct. A. Dounæo. *Lond.* 1621, *in-12.*
v. m.

263. Idem Longinus, gr. et lat. ex recens. Z.
Pearcii, et cum animadv. S. F. M. Mori. *Lipsiæ,*
1769, *in-8. v. m.*

264. Antiqui rhetores latini. *Parisiis*, 1599, *in-4.*
v. b.

265. Oratorum vet. orationes, Æschinis, Lysiæ, etc.
gr. et lat. *Excud. H. Stephanus,* 1575. = Arrianus
de expeditione Alexandri magni, gr. et lat. *Excud.*
H. Stephanus, 1575, *in-fol. v. j.*

266. Lysiæ Opera omnia, gr. et lat. ed. A. Auger.
Paris. 1783, 2 *vol. in-8. br.*

267. Isocratis Opera omnia, gr. et lat. ed. A. Auger.
Paris. 1782, 3 *vol. in-8. v. f.*
Avec des notes manuscrites.

268. Isocratis orationes xiv, gr. et lat. ex vers. et
cum not. G. Battie. *Londini*, 1748, *in-8. v. m.*

269. Demosthenis orationes, cum Ulpiani com-
mentario, græce. *Lutetiæ*, 1570, *in-fol. v. f.*

270. Demosthenis et Æschinis de falsa legatione ora-

tio, gr. et lat. ex vers. Wolfii, edente Brooke.
Oxon. e Th. Sheld. 1721, *in*-8. *v. éc.*

271. Ælii Aristidis Opera omnia, gr. et lat. ed.
S. Jebb. *Oxonii*, 1732, 2 *vol. in*-4. *v. b.*

272. Themistii orationes, gr. et lat. ed. J. Harduino.
Paris. e Typ. Reg. 1684, *in-fol. v. f.*

273. M. Tullii Ciceronis Opera. *Londini*, 1681, 2
vol. in-fol. v. b.

274. M. T. Ciceronis de officiis lib. tres. *Lugd. Bat.
ex offic. Elzevir.* 1642, *in*-12. *v. f.*

275. Traduction des partitions oratoires de Cicéron,
(par Charbuis.) *Paris,* 1756, *in*-12. *v. m.*=L'Ora-
teur de Cicéron, traduit par Colin. *Paris,* 1768,
in-12. *v. m.* = Les Offices de Cicéron, en lat. et
en françois, trad. par Dubois. *Paris,* 1780, *in*-12.
v. m.

POÉTIQUE.

Poètes grecs.

276. Les quatre poétiques d'Aristote, d'Horace, de
Vida, de Despréaux, trad. en françois, avec les
textes en regard, par Batteux. *Paris,* 1771, 2 *vol.
in*-12. *v. m.*

277. Aristotelis de poetica liber, gr. et lat. ex vers.
T. Goulstoni. *Cantab.* 1696, *in*-8. *v. b.*

278. La Poétique d'Aristote, trad. en françois, (par
A. Dacier.) *Paris,* 1692, *in*-4. *m. r.*

279. Florilegium diversorum epigrammatum veterum, gr. *Excud. H. Stephanus,* 1566, *in*-4. *v. m.*

280. Epigrammata græca, cum annot. J. Brodæi.
Francof. 1600, *in-fol. v. b.*

281. Anthologiæ græcæ a Constantino Cephala con-
ditæ libri tres, gr. et lat. ed. J. J. Reiske. *Oxonii,*
1766, *in*-8. *v. j.*

282. Analecta veterum poetarum græcorum, gr. ed.

271. Car. alt. mmt
Letr. luch. izt.

gregoire

parquet.

p

chobee

p.

p.

St-quatremere

p

m° Bodot.

la meme

St-quatremere

282. alt. axt

piqué..   Mᶜ Bodot.

                                 Lamy

reversion inparfait, avec un système   Mᵉ Bodot.
de la nature mari. lll: p.

286. Dug.
287. Dug.
288. Car. alt. ae⁺

                                       Mᵉ Bodot.

290. Dug.
291. Dug.
292. Lech.
293. Lech. x   Mᵉ Bodot.
294. Lech. x   la____ p

R. F. P. Brunck. *Argentor.* 1772 , 3 *vol. in*-8.
v. éc.

283. Pindari, et cæterorum octo lyricorum carmina,
gr. et lat. ex recogn. H. Stephani. *Excud. H. Ste-*
phanus, 1566, 2 *vol. in*-32. *v. b.*

284. Carmina poetarum novem, lyricæ poeseos
principum, gr. et lat. *Excud. H. Stephanus ,*
1566, *in*-18. *v. f.* = Comicorum græcorum sententiæ, gr. et lat. *Excud. H. Stephanus,* 1569 ,
in-18. *v. m.*

285. Theognidis, Phocylidis, Pythagoræ, etc. aliorumque vet. poemata gnomica, gr. et lat. *Paris.*
1627, *in*-8. *v. m.*

286. Homeri Opera, gr. et lat. cum scholiis græcis
Didymi. *Lugd. Bat.* 1656, 2 *vol. in*-4. *v. b.*
Avec beaucoup de notes manuscrites.

287. Homeri Opera, gr. et lat. curante J. H. Le-
derlino. *Amst.* 1707, 2 *vol. in*-12. *v. b.*

288. Homeri Ilias et Odyssea, gr. et lat. cum scholiis græcis, cur. J. Barnes. *Cantabrigiæ ,* 1711,
2 *vol. in*-4. *v. b.*

289. Homeri Ilias, gr. cum scholiis Didymi. *Oxon.*
e Th. Sheld. 1695, *in*-8. *v. j.*

290. Homeri Batrachomyomachia, gr. et lat. cum
comment. M. Maittaire. *Londini,* 1721, *in*-8. *v. j.*

291. Homerici centones, gr. et lat. *Excud. H. Ste-*
phanus, 1578 , *in*-8. *v. m.* = Anacreontis Carmina, gr. et lat. *Antuerp.* 1651 , *in*-18. *vél.*

292. Incerti scriptoris græci fabulæ aliquot Home-
ricæ de Ulixis erroribus, gr. et lat. ex vers. et cum
not. J. Columbi. *Lugd. Bat.* 1745 , *in*-8. *v. m.*

293. Homeri Gnomologia, gr. et lat. per J. Du-
portum. *Cantab.* 1660, *in*-4. *v. b.*

294. Apotheosis, vel consecratio Homeri, comment.
illustratus a G. Cupero. *Amst.* 1683 , *in*-4. *fig.*
v. b.

295. Hesiodi Opera et dies, gr. et lat. ex recens. J. Spondani. *Rupellæ*, 1592, *in-8. v. f.*

296. Hesiodi Ascræi quæ extant, gr. et lat. cum not. var. ex recens. J. G. Grævii. *Amst.* 1701, *in-8. vél.*

297. Idem opus, gr. et lat. cum not. var. ed. T. Robinson. *Oxonii,* 1737, *in-4. v. b.*

298. Sapphus poetriæ Lesbiæ fragmenta et elogia, gr. et lat. cum not. var. cura J. C. Wolfii. *Hamburgi,* 1733, *in-4. v. f.*

299. Phocylidis carmina, gr. et latine, ex recens. et cum not. J. A. Schier. *Lipsiæ,* 1751, *in-8. v. m.*
Avec des notes manuscrites.

300. Anacreontis carmina, .gr. et lat. cum not. W. Baxter. *Londini,* 1695, *in-8. v. b.*

301. Idem, gr. et lat. cum not. J. C. de Pauw. *Traj. ad Rhen.* 1732, *in 4. v. m.*

302. Idem, gr. et lat. opera J. Barnes. *Cantabr.* 1734, *in-8. v. f. avec les trois portraits.*

303. Idem, gr. *Glasguæ,* 1751, *in-32. m. r.*
Avec des notes manuscrites.

304. Idem, gr. cum not. var. edente J. F. Fischero. *Lipsiæ,* 1776, *in-8. v. m.*

305. Anacreontis carmina, gr. edente Brunck. *Argent.* 1778, *in-18. v. m.*
Avec des notes manuscrites.

306. Les poésies d'Anacréon et de Sapho, en grec et en franç. trad. par madame Dacier. *Amst.* 1716, *in-8. v. b.*

307. Les Odes d'Anacréon et de Sapho, en vers françois, avec le texte grec, par le poète sans fard, (Gacon.) *Rotterdam,* 1712, *in-12. v. b.* == Les Idylles de Théocrite, trad. en vers françois, avec le texte grec, (par de Longepierre.) *Paris,* 1688, *in-12. v. b.*

Mr Bodot.

Barré de St marc

Labitte

grégoire

Lamy

P.

Mlle Bodot.

Gilliard

Lamy

Mr Bodot.

Mr Bodot.

la même

296. alt. i + luch. a²

297. alt. ai + luch. mi⁺

298. alt. h + luch. e⁺

305 Charles

308. alt. ax †

Wavré oncle

p.

M Bodot.

feuillet

billiard.

Et quatremere

p.

grgoire

avec 1 bouquin   p.

318. Luth. am †   p.

aillard.

3o8. Pindari olympia, nemea, etc. gr. cum scholiis
graecis, opera Z. Calliergi. *Romæ*, 1515, *in-4.*
v. m.

3og. Pindari Opera, gr. et lat. ed. J. Benedicto. *Salmurii*, 1620, *in-4. vel.*

3io. Idem, gr. et lat. ex vers. N. Sudorii. *Parisiis*,
1623, *in-8. v. f.*

311. Idem, gr. et lat. cur. C. G. Heyne. *Gottingæ*,
1773, *gr. in-8. v. f.*

312. Les odes pythiques de Pindare, en grec, avec
la traduction françoise, par Chabanon. *Paris*, 1772,
in-8. v. f.

313. Lycophronis Alexandra, gr. et lat. cum annot.
Canteri. *Excud. P. Stephanus*, 1601, *in-4. v. b.*

314. Idem opus, cum græcis Is. Tzetzis commen-
tariis, gr. et lat. cura J. Potteri. *Oxonii*, 1697,
in-fol. v. f.

315. Theocriti quæ extant, gr. cum scholiis gr.
Lond. 1729, *in-8. v. b.*
Avec des notes manuscrites.

316. Bionis et Moschi quæ supersunt, gr. et lat.
cum not. J. Heskin. *Oxon. e Typ. Clarend.*
1748, *in-8. v. éc. dent.*

317. Les Idylles de Bion et de Moschus, trad. en
vers françois, avec le texte grec en regard, (par de
Longepierre.) *Paris*, 1686, *in-12. v. b.* ═ Traduction des Eglogues de Virgile, avec le texte en
regard. *Paris*, 1708, *in-12. v. b.*
Avec des notes manuscrites.

318. Callimachi hymni et epigrammata, gr. et lat.
cum emend. H. Stephani. *Excud. H. Stephanus*,
1577, *in-4. v. m.*

31g. Callimachi hymni, epigrammata et fragmenta,
gr. et lat. cum not. var. cur. J. A. Ernesti.
Lugd. Bat. 1761, 2 *tom. en* 4 *vol. in-8. v. f.*
Papier de Hollande.

320. Apollonii Rhodii Argonautica, gr. cum annot. H. Stephani. *Excud. H. Stephanus, 1574, in-4.* v. m.

321. Oppianus de venatione et piscatu, gr. et lat. cur. J. G. Schneider. *Argentor. 1776, in-8.* v. j.

322. Apollinarii interpretatio psalmorum versibus heroicis, gr. et lat. *Parisiis, 1580, in-8. v. f.* = Nonni paraphrasis evangelii secundum Joannem, gr. et lat. *Parisiis, 1623, in-8. v. b.*

323. Musæi de Herone et Leandro Carmen, gr. et lat. ed. M. Rover. *Lugd. Bat. 1737, in-8. bas.*

324. Phile de animalium proprietate, gr. et lat. cum animadv. J. C. de Pauw. *Traj. ad Rhen. 1730, in-4. v. b. Ch. Mag.*

325. Le Théâtre des Grecs, par le Père Brumoy. *Paris, 1759, 6 vol. in-12. v. m.* = Tragédies de Sophocle, trad. par Dupuy. *Paris, 1762, 2 vol. in-12. v. m.*

326. Æschyli tragœdiæ, græce, cum scholiis, cura P. Victorii. *Ex Off. H. Stephani, 1557, in-4. v. f.*

327. Sophoclis tragœdiæ, gr. cum scholiis græcis et annot. H. Stephani. *Apud H. Steph. 1568, in-4. v. b.*

328. Idem, gr. et lat. *Londini, Tonson, 1722, 2 vol. in-8. v. b.*

329. Idem, gr. et lat. ed. J. Capperonnier et J. F. Vauvilliers. *Paris. 1781, 2 vol. in-4. v. f.* Avec des notes manuscrites.

330. Sophoclis tragœdiæ septem latino carm. redditæ per Th. Naogeorgum. *Basil. 2 vol. in-12. v. j.* = Le Plutus et les nuées d'Aristophane, trad. du grec en françois, par Mlle Lefèvre. *Paris, 1684, in-12. v. b.*

331. Euripidis tragœdiæ quæ extant, gr. et lat.

Labitte

Mr Chollet.

p.

St-quatre....

p.

Aillaran

Mr Bodot.

la même

Mr Bodot.

Chabée p.

320. Luch. am.^t
321. Bois. e.^t

329 Charles

Et. quatremere

Millaran

Mᶜ Chollet.

336. alt. 1ᵉʳ Sᶜ

β

Mᶜ Chollet.

Et. quatremere

Mᶜ Bodot.

341 charles.

cum scholiis. *Excud. P. Stephanus*, 1602, *in-4.*
rel. en peau.

332. Euripidis Hecuba, Orestes, et Phœnissæ,
gr. et lat. ex vers. et cum not. J. King. *Cant.*
1726, 2 *vol. in-8. v. b.*

333. Aristophanis comœdiæ, gr. et lat. cum not.
S. Bergleri, cur. P. Burmanno secundo. *Lugd.*
Bat. 1760, 2 *vol. in-4. v. m.*

Poètes latins anciens.

334. Poètes latins, imprimés à Londres, par
Brindley, 13 *vol. in-18. v. m.* Savoir : Catullus,
Tibullus et Propertius, 1749, 1 *tome en 2 vol.*
== Juvenalis et Persius, 1744, 1 *vol.* == Lucre-
tius, 1749, 1 *vol.* == Ovidius, 1745, 5 *tomes*
en 6 vol. == Phædrus, 1750, 1 *vol.* Terentius,
1744, 1 *tome en 2 vol.*
Avec des notes manuscrites. Le Lucrèce est imparfait.

335. Epigrammatum delectus. *Parisiis*, 1659,
in-12. v. f.

336. Priapeia, sive diversorum poetarum in Pria-
pum lusus, cum comment. G. Scioppii. *Patavii*,
1664, in-8. *v. f.*

337. T. Lucretii Cari de rerum natura, lib. sex.
Lugduni, Gryphius, 1546, *in-12. v. b.* ==
L. et M. Ann. Senecæ tragœdiæ. *Amst. D. El-*
zevir. 1678, *in-12. v. ec.*

338. Idem Lucretius. *Londini, Tonson*, 1713,
in-12. v. b.

339. Idem, cum not. T. Creech. *Londini*, 1717,
in-8. v. f.

340. Idem, ex edit. T. Creech. *Glasguæ*, 1749,
in-8. v. f.

341. Lucrèce, traduction nouvelle; par Lagrange,
avec le texte en regard. *Paris*, 1768, 2 *vol. in-12.*
v. m.
Avec beaucoup de notes manuscrites.

342. C. Val. Catullus et in eum Is. Vossii observationes. *Londini*, 1684, *in-4. v. b.*

343. Alb. Tibulli quæ extant, cum not. var. (edente J. Brouckhusio.) *Amst.* 1708, *in-4. v. j.*

344. S. A. Propertii elegiarum lib. IV, cum not. var. edente J. Brouckhusio. *Amst.* 1727, *in-4. v. j.*

345. P. Virgilii Maronis Opera, cum comment. Servii. *Paris.* 1600, *in-fol. v. b.*

346. Idem. *Lugd. Bat. ex offic. Elzevir.* 1636, *in-12. m. v.*
Édition originale, avec beaucoup de notes manuscrites.

347. Idem, ed. J. L. de La Cerda. *Colon. Agripp.* 1647, 3 *vol. in-fol. v. j. l. r.*

348. Idem, cum notis C. Ruæi, ad usum Delphini. *Paris.* 1682, *in-4. v. b.*
Avec des notes manuscrites.

349. Les Georgiques de Virgile, trad. en vers françois, par Delille, avec le texte en regard. *Paris*, l'an 2, (1794,) *in-8. br.*

350. Q. Horatius Flaccus, cum emend. Lambini. *Lutetiæ*, 1580, *in-fol. v. b.*

351. Q. Horatii Flacci poemata, cum comment. J. Bond. *Amst. D. Elzevirius*, 1676, *in-12. v. b.*
Avec des notes manuscrites.

352. Idem, cum animadv. Rutgersii. *Traj. Bat.* 1699, *in-12. v. b.* == Nouvelles Fables de Phèdre, en latin, avec la trad. en vers italiens, par Petroni, et en prose franç. par Biagioli. *Paris*, 1812, *in-8. br.*

353. Q. Horatii Flacci eclogæ, cum scholiis, curante W. Baxter. *Londini*, 1701, *in-8. v. f.*

354. Q. Horatius Flaccus, ex recens. et cum not. R. Bentleii. *Lipsiæ*, 1764, 2 *tomes en* 1 *vol. in-8. v. m.*

Me Chollet.

la même

la même

m' Hodot.

346 Charles

Me Chollet.

Labitte

351 Charles

Merlin

St-quatremère

354. Luch. e^t

avec 2 vol. de luenne   Mr Bodot.
Du cation . .

Labitte

Lany

3f8. gu.

1658, au 2e titre a 1661 an 1er. galliot.

Mc Chollet.

363. alt. x⁺⁻ buch. ~~mh~~ mh⁺ ,

Labitte

Mc Bodot.

~~Mc Chollet~~. p

Mc Bodot.

p.

355. Idem, curante J. Valart. *Paris.* 1770 *, in-8.*   2.
v. m.

356. OEuvres d'Horace, en latin et en franç. trad. 33.. 5.
par Dacier et Sanadon. *Amst.* 1735 *, 8 vol.*
in-12. v. m.

357. Les poésies d'Horace, trad. en franç. avec 3.
le texte en regard, par Sanadon. *Paris,* 1728,
2 *vol. in-4. v. b.*

358. Phædri fabulæ, cum not. Hoogstratani.
Amst. 1711 *, in - 18. v. b.* avec des notes manuscrites. = Epigrammata J. Owen. *Lugd. Bat.* 2 - - 5
ex off. Elzev. 1628 *, in-18. v. b.*

359. Æm. Macer de herbarum virtutibus. *Basil.*
1527 *, in-8. v. b.*

360. P. Ovidii Nasonis Opera, ex recens. N. Heinsii. 25.
Amst. ex off. Elzevir. 3 *vol. in-12. v. f.*

361. Commentaires sur les épîtres d'Ovide, par
Bachet de Meziriac. *La Haye,* 1716, 2 *vol in-8.*
v. m.   5.

362. M. A. Lucanus de bello civili, cum not.
var. accurante C. Schrevelio. *Lugd. Bat.* 1658,
in-8. v. b.

363. P. P. Statii Opera, cum notis varior. curante 22. 5
J. Veenhusen. *Lugd. Bat.* 1671 *, in-8. vél.*

364. M. V. Martialis epigrammata, cum not. var. 1. 50.
Lugd. Bat. 1661 *, in-8. v. b.*

365. D. J. Juvenalis et A. Persii satyræ, cum com- 2. 80.
ment. E. Lubini. *Hanoviæ,* 1603 *, in-4. v. f.*

366. Iidem, cum not. var. *Lugd. Bat.* 1658, 2. 75.
in-8. v. f.

367. Dionysii Catonis disticha de moribus, cum 8.
not. var. et metaphrasi græca Planudis et J. Scali-
geri, ed. O. Arntzenio. *Amst.* 1754 *, in-8. v. f.*

368. M. Ac. Plauti comœdiæ cum emend. D. Lam- 2. 90.
bini. *Lutetiæ,* 1577 *, in-fol. v. b.*

369. Idem, cum not. var. curante J. F. Gronovio.
Lugd. Bat. 1669, 2 *vol. in*-8. *v. b.*

370. P. Terentii comœdiæ sex, cum not. var. accurante C. Schrevelio. *Lugd. Bat.* 1662, *in*-8.
v. f.

371. Idem, ex recens. Heinsiana. *Amst. ex off.*
Elzevir. 1663, *in*-12. *v. f.*

372. Idem. *Londini, Tonson,* 1713, *in*-12. *v. b.*

373. Ejusd. Comœdiæ, italicis versibus redditæ,
(a Nic. Fortiguerra.) *Urbini,* 1736, *in-fol.*
fig. m. r.

374. Les comédies de Terence, trad. en françois,
avec le latin à côté, par Le Monnier. *Paris,* 1771,
3 *vol. in*-12. *v. m.*

375. Senecæ tragœdiæ, cum not. var. et ex recens.
J. F. Gronovii. *Amst.* 1662, *in*-8. *v. f.*

Poètes latins modernes.

376. Poemata didascalica. *Parisiis,* 1749, 3 *vol.*
in-12. *v. m.*

377. C. Valerandi Varanii de gestis Joannæ virginis
egregiæ bellatricis, lib. iv. *Parisiis, Joannes de*
Porta, 1516, *in*-4. *goth. v. m.*

378. Æg. Menagii poemata. *Paris.* 1680, *in*-12.
v. b. = C. Ruæi carmina. *Paris.* 1688, *in*-12.
v. m.

379. J. B. Santolii Opera poetica. *Parisiis,* 1694,
3 *vol. in*-12. *v. b.*

380. J. Vanierii prædium rusticum. *Amst.* 1731,
in-12. *v. b.* = G. Faerni fabulæ. *Parisiis,* 1697,
in-12. *v. b.*

381. J. Commirii carmina. *Lut. Par.* 1689, *in*-12.
v. b. = Lusus poetici allegorici, auct. P. J. Sautel.
Parisiis, 1725, *in*-12. *v. m.*

382. Anti-Lucretius, auct. M. de Polignac. *Pari-*
siis, 1754, 2 *vol. in*-12. *v. m.* = L'anti-Lucrece,

Mc Chollet.

gaillict.
labitte
tilliard

                                        374 charles

st. quatremere

merlin

caillard   le titre seul gothique

                                        378 charles

p.

                                        381 charles

Mⁿ Chollet.

Marri de St Marc

p.

Merlin

p.

avec 2 bouquets

Mᵉ Sauvaignat.

mᵉ chollet.

mᵉ Bodot.

mᵉ Sauvaignat.

393 charles

Mᵉ chollet.

trad. en franç. par de Bougainville. *Paris*, 1768,
2 *vol. in-*12. *v. m.*

383. Opera latina Car. Le Beau. *Parisiis*, 1782 ,
3 *vol. in-*8. *v. j.*

384. F. J. Desbillons Fabulæ Æsopiæ. *Parisiis*,
Barbou, 1778, *in-*12. *v. m.*

385. J. Pincieri enigmatum libri tres. 1605, *in-*8.
v. b. == J. Nicii Erythræi exempla virtutum et
vitiorum. *Colon.* 1645 , *in-*8. *v. b.*

386. G. Buchanani poemata. *Salmurii* , 1621 ,
*in-*32. *m. r.*

387. G. Buchanani paraphrasis psalmorum poetica.
Glasguæ , 1750, *in-*8. *v. m* ==Pia hilaria, varia-
que carmina Ang. Gazæi. *Duaci*, 1619 , *in-*18.
v. m.

388. V. Fabri Pibracii tetrasticha, græcis et lat. versibus expressa, auct. F. Christiano. *Parisiis*,
1631 , *in-*8. *v. j.*

Poètes françois.

389. OEuvres de Cl. Marot. *La Haye*, 1731 , 6 *vol.*
*in-*12. *v. b.*

390. Les Satyres et autres œuvres de Régnier.
Paris, 1667 , *in-*12. *v. f.* == Poésies d'Helvétius. *Londres*, (*Paris* ,) 1781 , *in -* 18. *v. f.*

391. Les Satyres et autres œuvres de Régnier.
Londres, 1730, *in-*4. *v. f.*

392. Les OEuvres de Fr. Malherbe, avec les observ.
de Ménage. *Paris*, 1722 , 3 *vol. in-*12. *v. b.*

393. Fables de La Fontaine. *Paris*, 1757, 2 *vol.*
in - 12. *v. f.* == Contes du même. *Londres*,
1754 , 2 *vol. in-*12. *v. m.*

394. Fabulæ selectæ Fontanii, e gallico in lat. ser-
monem conversæ, auct. J. B. Giraud. *Rothom.*
1775, 2 *vol. in-*8. *v. m.*

395. OEuvres de Boileau Despréaux. *Genève*, 1716, 4 *vol. in*-12. *v. b.*

396. Voltarii Henriados lib. x, latinis versibus et gallicis, ex translat. C. Cappavelle. *Parisiis*, 1777, *in*-12. *v. m.*

397. Noei Bourguignon de Gui Barozai, (B. de la Monnoye.) *Ai Dioni*, 1720, *in*-8. *v. b.*

398. Les Chef-d'œuvres de P. Corneille. *Oxford*, 1746, *in*-12. *v. b.*

399. OEuvres de Racine. *Londres*, *Tonson*, 1723, 2 *vol. in*-4. *m. cit.*

400. Les mêmes. *Paris*, 1741, 2 *vol. in*-12. *fig. v. j.*

Mythologie et Fables, etc.

401. Opuscula mythologica, physica et ethica, gr. et lat. cum not. var. ed. T. Gale. *Amst.* 1688, *in*-8. *v. f.*

402. Apollodori bibliotheca, gr. et lat. ex recens. Tan. Fabri. *Salmurii*, 1661, *in*-8. *v. m.*
Avec beaucoup de notes manuscrites.

403. Antonini Liberalis transformationes, gr. et lat. ex recens. T. Munckeri. *Amst.* 1676, *in*-12. *v. b.*

404. Idem Opus, gr. et lat. cum not. var. cur. H. Verheyk. *Lugd. Bat.* 1774, *in*-8. *v. f.*

405. Mythographi latini, C. J. Hyginus, etc. cum not. T. Munckeri. *Amst.* 1681, *in*-8. *fig. v. b.*

406. Natalis Comitis mythologiæ lib. x. *Venetiis*, 1568, *in*-4. *v. j.* == Apuleii opera. *Amst.* 1624, *in*-32. *vél.*

407. Pantheum mythicum, seu fabulosa deorum historia, auctore F. Pomey. *Ultrajecti*, 1697, *in*-12. *fig. v. j.*

408. Dictionnaire de mythologie pour l'intelligence

3 g 3 cherlos

aillard

labitte

P.
Simonet
Chobec
Lamy   avec 2 bouquins

                                        407 quet. 3 .
Ronnard.

grégoire

harri d.t mare

p.

harri d.t mare

tilliard.

labitte

418-94.

paul de hure

Caron

des poètes, (par de Claustre.) *Paris*, 1745, 3 *vol.*
*in-*12. *v. m.*

409. Explication historique des fables, par Banier.
Paris, 1715, 3 *vol. in-*12. *v. m.*

410. Æsopi Fabulæ, gr. et lat. *Parisiis*, 1585,
*in-*16. *bas. fig. en bois.*
Avec des notes manuscrites.

411. Fabularum Æsopicarum collectio, gr. et lat.
Oxon. 1718, *in-*8. *v. j.*

412. Fabularum Æsopiarum lib. v. *Parisiis*, 1756,
*in-*12. *v. j.*

413. OEuvres de Maître Fr. Rabelais, avec des
remarques hist. et critiques. *Amst.* 1711, 6 *vol.*
*in-*12. *fig. v. b.*

Romans grecs, etc.

414. Achillis Tatii de Clitophontis et Leucippes
amoribus lib. octo, gr. et lat. ed. C. Salmasio.
Lugd. Bat. 1640, *in-*12. *v. m.*

415. Heliodori Æthiopicorum libri decem, gr. et
lat. cum not. J. Bourdelotii. *Lut. Paris.* 1619,
*in-*8. *m. r. dent.*

416. Idem, gr. cum not. Bourdelotii. *Lipsiæ*, 1772,
*in-*8. *v. b.*

417. Longi pastoralium de Daphnide et Chloe
libri IV, gr. et lat. ed. J. B. C. d'Ansse de Villoison. *Paris.* 1778, *in-*8. *br.*
Avec des notes manuscrites.

418. Les amours pastorales de Daphnis et de Chloé,
trad. du gr. de Longus, (par M. De Bure de Saint-
Fauxbin.) *Paris, de l'impr. de Monsieur*, 1787,
*in-*4. *fig. br. Pap. Vél.*

419. Les éphésiaques de Xénophon, ou les Amours
d'Anthée et d'Abrocomas, trad. en françois. *Paris*,
1736, *in-*18. *v. f.* == Les amours d'Horace. *Cologne*, 1728, *in-*12. *v. b.*

15 - - - 420. Charitonis Aphrodisiensis de Chærea et Calli-
rhoe amatoriarum narrationum libri, gr. et lat. ed.
J. P. d'Orville. *Amst.* 1750, 2 *tom. en* 1 *vol.
in-4. dem. rel. non rogné.*

8 - 95 421. Histoire des amours de Chéreas et de Callirhoé,
trad. du gr. (par M. Larcher.) *Paris*, 1763, 2 *vol.
in-12. v. m. Gr. Pap.*

4 - 95 422. Eustathii de Ismeniæ et Ismenes amoribus
lib. XI, gr. et lat. ex vers. G. Gaulmini. *Lut.
Paris.* 1617, *in-8. v. f.*

1 . 30 423. Les amours d'Ismène et Ismenias, trad. du grec
d'Eustathe, (par de Beauchamps.) *La Haye*, (*Paris, Coustelier,*) 1743, *in-12. fig. v. j.*

5 - - 424. Les aventures de Télémaque, par de Fenelon.
Paris, Didot jeune, 1790, 2 *vol. gr. in-8. br.
Pap. Vél.*
Avec un cahier de planches.

7 - . 5 425. Le compère Mathieu, ou les Bigarrures de
l'esprit humain, (par du Laurens.) *Londres*, 1770,
3 *vol. in-12. v. f.*

1 - - 426. Contes de G. Vadé, (par Voltaire.) 1764, *in-8.
v. m.*

4 - 95 427. Les Mille et une Nuits, contes arabes, trad. en
français, par Galland. *Paris*, 1811, 7 *vol. in-18.
fig. br.*

PHILOLOGIE.

Critiques.

63 - . 5 428. Dictionnaire pour l'intelligence des auteurs
classiques grecs et latins, par Sabbathier. *Châlons
sur Marne*, 1766, 37 *vol. in-8. v. f.*

12 - 50 429. Miscellaneæ observationes in auctores vet. ac
recent. ab eruditis Britannis anno 1731 edi cœptæ.
Amst. 1732, 7 *vol. in-8. dem. rel.*

3 - . 5 430. G. d'Arnaud lectionum græcarum lib. duo.

St. quatremaine.

m.c Bodot.

P.

Labitte

Daunons

Lamy

Daunor.

Labitte

feuillet.

P.   4.30. quat.

420 - quat = 15

431 quat.

433. Letr. Mois. h†

436. Letr. quat. h.

Et. quatremon

feuillet.

nicolin

havr'oultmare

tilliard.

Hag. Com. 1730, *in-*8. *v. m.* == Ejusd. Specimen animadv. ad aliquot scriptores græcos. *Amst.* 1730, *in-*8. *v. m.*

431. Lamb. Bos animadvers. ad scriptores quosdam græcos. *Franekeræ*, 1715, *in-*8. *v.b.* == L. Bos observat. miscellaneæ ad loca quædam cum nov. fœderis, tum exteriorum scriptorum græcorum. *Leovard.* 1731, *in-*8. *vél.*

432. J. Clerici ars critica. *Amst.* 1712, 3 *vol. in-*12. *v. b.*

433. Museum philologicum et historicum, ex recens. T. Crenii. *Lugd. Bat.* 1699, 2 *vol. in-*12. *v. b.*

434. Lettres d'un solitaire, (M. de Bure Saint-Fauxbin) à un académicien de province, sur la nouvelle version françoise de l'Histoire des animaux d'Aristote, (de Camus.) *Paris*, 1784, *in-*4. *br.*

435. J. F. Gronovii lectiones Plautinæ. *Amst.* 1740, *in-*8. *v. m.* ==J. Gensii lectiones Lucianeæ. *Hag. Com.* 1699, *in-*8. *vél.*

436. P. Horrei observationes criticæ in scriptores quosdam græcos historicos. *Leovardiæ*, 1736, *in-*8. *v. m.* == P. Horrei miscellaneorum criticorum lib. II. *Leov.* 1738, *in-*8. *v.m.*

437. M. A. Mureti variæ lectiones. *Parisiis*, 1586, 1 *tome en* 2 *vol. in-*8. *v. j.* == Is. Casauboni de satyrica græcorum poesi, et Romanorum satyra lib. II. *Parisiis*, 1605, *in-*8. *v. f.*

438. J. Palmerii exercitationes in optimos fere auctores græcos. *Lugd. Bat.* 1668, *in-*4. *v. b.* == P. Wesselingii probabilium liber. *Ultraj.* 1731, *in-*8. *v. m.*

439. J. C. de Pauw notæ in Pindarum. *Traj. ad Rhen.* 1747, *in-*8. *v. m.* ==D. Ruhnkenii epistola critica in Homeridarum hymnos, et Hesiodum. *Lugd. Bat.* 1749, *in-*8. *v. m.*

440. F. Porti comment. in Pindarum et in varia
Xenophontis opuscula. 1583, 2 *vol. in-4. v. m.*

441. C. Sigonii emendationum lib. II. *Venetiis, Al-
dus, 1557, in-4. v. f.*

442. H. Stephani schediasmatum variorum, id est
observat. emendationum lib. tres. *Excud. H.
Stephanus,* 1578, *in-8. vél.*=Ejusd. de criticis vet.
græcis et latinis dissert. *Parisiis,* 1587, *in-4. v. j.*

443. P. Victorii variarum lectionum libri. *Florentiæ,
apud Juntas,* 1582, *in-fol. v. b.*

444. Is. Vossii variarum observationum liber. *Lond.*
1685, *in-4. v. b.* = G. J. Vossii de logices et
rhetoricæ natura lib. II. *Hag. Com.* 1658, *in-4.
v. b.*

Satyres. Dissertations critiques, etc.

445. T. Petronii Satyricon, cum not. Bourdelotii.
Parisiis, 1677, *in-12. v. m.*

446. T. Petronii Satyricon quæ supersunt, cum
notis variorum, curante P. Burmanno. *Traj. ad
Rhen.* 1709, *in-4. vél.*

447. Sardi venales; satyra Menippea, auct. P. Cunæo.
Juliani imperatoris Cæsares, gr. et lat. *Ex offic.
Plantin.* 1612, *in-12. v. m.*

448. S. Werenfelsii dissert. de logomachiis erudi-
torum. *Amst.* 1702, *in-12. v. b.* = Naudæana et
Patiniana. *Amst.* 1703, *in-12. v. b.*

449. Le chef-d'œuvre d'un inconnu, par Matanasius,
(Thémiseul de Saint-Hyacinthe.) *La Haye,* 1716,
petit in-8. v. f.

450. L'An deux mille quatre cent quarante, (par
Mercier.) *Londres,* 1772, *in-8. v. f.*

451. Introduction à la conformité des merveilles anciennes et des modernes, par H. Estienne. *Lyon,*
1592, *in-12. v. b.*

P.

tilliard

chobec

p.

m^e chollet.

447. Mony.

Caron

idem

451. dug.

452. gu.

457 feuil. 10

461. Aug. Bois. p+

m Bodot.
martins

tilliard.

mc Chollet.

tilliard.

Lamy

p.

p.

452. Convivales sermones, ex optimis et probatis-
simis autoribus collecti. *Basileæ*, 1566, 3 *vol.*
in-8. *v. b.*

453. Stultitiæ laudatio, Des. Erasmi declamatio.
Parisiis, Barbou, 1765, *in*-2. *v. m.*

454. L'Eloge de l'ivresse. *Leide*, 1715, *in*-12. *v. m.*

Sentences, Proverbes, etc.

455. J. Stobæi sententiæ. *Lugd.* 1555, 2 *vol. in*-18.
v. m. ⸺ Gnomologia, seu memorabilium sententiarum descriptio, per J. Buchlerum. *Coloniæ*,
1602, *in*-18. *v. m.*

456. Loci communes sacri et profani sententiarum
omnis generis, ex auctoribus græcis congestarum,
per J. Stobæum, et latinitate donati a C. Gesnero.
Francof. 1581, *in-fol. v. j.*

457. Adagia id est proverbiorum et parabolarum,
quæ apud græcos, latinos, etc. in usu fuerunt, collectio. *Francof.* 1670, *in-fol. v. b.*

458. L'Etymologie, ou explication des proverbes
françois, par de Bellingen. *La Haye*, 1656,
in-12. *v. b.*
Avec des notes manuscrites.

459. Matinées Sénonoises, ou proverbes françois,
suivis de leur origine, etc. (par Tuet.) *Paris*,
1789, *in*-8. *br.*

460. Ducatiana, ou remarques de M. Le Duchat sur
divers sujets d'histoire et de littérature. *Amst.*
1738, 2 *vol. in*-12. *v. b.* ⸺ Matanasiana, ou mémoires historiques et critiques du docteur Matanasius. *La Haye*, 1740, 2 *vol. in*-12. *v. m.*

461. Polissonniana, ou recueil de turlupinades, quo-
libets, rébus, etc. *Amst.* 1722, *in*-12. *v. b.*

462. Hiéroglyphes dits d'Horappolle, trad. du grec,
par Réquier. *Paris*, 1779, *in*-12. *v. b.*

1 - 50   463. Hermanni Hugonis pia desideria, emblematis illustrata. *Antuerp.* 1624, *in-*12. *fig. v . b.*

Polygraphes grecs et latins.

9 - 50   464. Theophrasti Opera omnia, gr. et lat. edente Dan. Heinsio. *Lugd. Bat.* 1613, *in-fol. v. b.*

3 - - -   465. Luciani opera, gr. et lat. ex recens. J. Bourdelotij. *Lut. Par.* 1615, *in-fol. demi-rel.*

13 - 9 5   466. Idem, gr. et lat. ex recens. J. Benedicti. *Salmurii*, 1619, 4 *vol. in-*8. *v. b.*

43 - 9 5   467. Idem, gr. et lat. a T. Hemsterhusio, ed. J. F. Reitzio. *Amstel.* 1743, 4 *vol. in-*4. *v. f.*
Avec beaucoup de notes manuscrites.

9 - —   468. Philostratorum quæ supersunt omnia, gr. et lat. ex recens. G. Olearii. *Lipsiæ*, 1709, *in-fol. vél.*

25 - 10   469. Juliani Imperatoris Opera quæ supersunt omnia et S. Cyrilli contra Julianum libri decem, gr. et lat. cum not. Ez. Spanhemii. *Lipsiæ*, 1696, *in-fol. vél.*

2 - 95   470. A. M. a Schurman Opuscula hebræa, græca, lat. et gallica. *Lugd. Bat. ex offi. Elzevir.* 1650, *in-*8. *v. f.*

3 - 50   471. Fortuita sacra, quibus subjiciuntur comment. de cymbalis, (aut. R. Ellis.) *Roterod.* 1727, *in-*8. *v. m.*

12 - —   472. L. G. Gyraldi Opera omnia. *Lugd. Bat.* 1696, 2 *tom. en* 1 *vol. in-fol. fig. v. f.*

1 - —   473. H. Relandi dissertationes miscellaneæ. *Traj. ad Rhen.* 1706, *in-*8. *v. b.* == Belisarii Aquivivi Aragonii, libelli de principum liberis educandis, de venatione, etc. *Basil. in-*8. *v . b.*

Lamy   avec un Bosquin

                                                        4 64 fueil.

Mr Chollet.   imparfait
Mr Bodot.

Mr Chollet.   très mouillé.

Tilliard
                                                        4 6y fueil. 24.

Lamy

Tilliard
                                                        4yı. Bois. pt
Mr Bodot.

Mr Chollet.

478. gu.   piqué Dⁿ vers.   parquet.

                                                         mᶜ Bodot.

                                                         Chabot

                                                         mᶜ Bodot.

                                                         mᶜ Chollet.

                                                         Tilliard.

                                                         idem

                                                         mᶜ Bodot.

                                                         la mère

                                                         mᶜ Chollet.

484. alt. 1ᵗ so c. Lnch. h+ mary.
485. alt. 1ᵗ so c. Lnch. h+
486. Letr.
487. Roy.

Polygraphes françois. Epistolaires grecs, etc.

474. Les Essais de Montaigne. *Paris*, 1635, *in-fol.*   4 .
v. b.

475. OEuvres de Tourreil. *Paris*, 1721, 4 *vol.*   2 .
*in-*12. *v. b.*

476. OEuvres de J. B. Rousseau. *Londres*, (*Paris*,)   1 - 50
1753, 4 *vol. petit in-*12. *v. m.*

477. Nouveaux Mémoires d'histoire, de critique et   5 _ 60 .
de littérature, par d'Artigny. *Paris*, 1749, 7 *vol.*
*in-*12. *v. m.*

478. D. Erasmi colloquia. *Lugd. Batav. ex officina*   1 . 50 .
Elzevir. 1643, *in-*12. *v. b·*

479. Cinq Dialogues faits à l'imitation des anciens,   1 . 90 .
par Oratius Tubero, (La Mothe le Vayer.) *Mons*,
1671, *in-*18. *v. b.*

480. Epistolæ Hippocratis, Democriti, Heracliti, etc.   2 .
gr. et lat. per Eil. Lubinum. *ex offic. Commeli-*
niana, 1601, 2 *part. en* 1 *vol. in-*8. *v. j.*

481. Aristæneti epistolæ, gr. cum not var. cur.   4 . 75 .
F. L. Abresch. *Zwollæ*, 1749. == Ejusd. lectiones Aristeneteæ. *Ibid.* 1749, *in-*8. *v. f.*

482. Libanii Sophistæ epistolæ, gr. et lat. ex vers.   12 .. 5·
et cum not. J . C. Wolfii. *Amst.* 1738, *in-fol.*
v. m .

483. Plinii Secundi epistolæ et panegyricus. *Amst.*   1 _ 45·
ex off. Elzevir. 1659, *in-*12. *v. b.*

484. Epistolæ obscurorum virorum, (auct. Ulr.   3 .. 95 &
de Hutten ,) etc. *Londini*, 1710, *in-*12. *v. f.*

485. Idem opus. *Londini*, 1742, *in-*12. *v. f.* _   4 .. 25 &

486. C. Salmasii epistolæ. *Lugd. Bat.* 1656, *in-*4.   2 .. _ &
v· b.

487. Lettres choisies de Guy Patin. *La Haye*,   2 .. _ &
1707, 3 *vol. in-*12. *v. f.*

HISTOIRE.

Introduction à l'étude de l'histoire. Géographie, etc.

488. Méthode pour étudier l'histoire, par Lenglet du Fresnoy. *Paris*, 1772, 15 *vol. in-*12. *v. m.*

489. Principes de l'histoire, par Lenglet du Fresnoy. *Paris*, 1752, 6 *vol. in-*12. *v. m.*

490. La Philosophie de l'histoire, par l'abbé Bazin, (Voltaire.) *Amst.* 1765, *in-*8. *m. r.*

491. Strabonis rerum geographicarum libri, gr. et latin. ex recens. Is. Casauboni, cum not. F Morelli. *Lut. Paris. typ. reg.* 1620, *in-fol. v. j.*

492. Idem, gr. et lat. (studio T. Janssonii ab Almeloveen.) *Amst.* 1707, 2 *vol. in-fol. v. b.*

493. Idem Strabo, gr. et lat. *Paris.* 1763, *in-*4. *v. m.*
Le tome premier et le seul qui ait paru.

494. Dionysii geographia , gr. et lat. edent. Ed. Wells. *Oxon. e Th. Sheld.* 1704, *in-*8. *fig. v. b.*

495. Stephanus de Urbibus, gr. et lat. ed. T. de Pinedo. *Amst.* 1725, *in-fol. v. b.*

496. Periplus Scylacis, gr. et lat. ex interp. et cum castig. I. Vossii. *Amst.* 1639. = De Jure asylorum liber P. Sarpi. *Lugd. Bat. ex off. Elzev.* 1622, *in-*4. *v. m.*

497. Pomponius Mela de situ orbis. *Lugd. Bat.* 1685, *in-*8. *vel.*

498. Notitia orbis antiqui, sive geographia plenior, auct. C. Cellario. *Lips.* 1731, 2 *vol. in-*4. *fig. v. f.*

499. Parallela geographiæ vet. et novæ, auct. P. Brietio. *Parisiis,* 1648, 3 *vol. in-*4. *fig. vél.*

500. Description géographique et historique des

aillard

tilliard

p.

M. Bodot.

M. Bodot.

Budet.

hgh. charles

Chobee.

Labitte

M. Bodot.

Et. quatremens
chobee.

502 charles

chinot.

p.

m. Bodot.

'la même

la même

508. Cavr. pil. y.t. so c.

p.

tilliard.

peuples les plus renommés de l'Europe ancienne, par Delamarche. *Paris*, 1809, *in-4. dem. rel. avec des cartes.*

5o1. J. Sinceri itinerarium Galliæ. *Amst.* 1649, *in-12. fig. v. b.*

5o2. Voyage pittoresque de Paris et de ses environs, (par d'Argenville.) *Paris*, 1770, 2 *vol. in-12. fig. v. m.*

5o3. Relation d'un voyage du Levant, par Pitton de Tournefort. *Lyon*, 1717, 3 *vol. in-8. fig. v. b.*

Histoire universelle, ecclésiastique, etc.

5o4. Justini historiæ, cum not. var. et ex recens. J. G. Grævii. *Amst.* 1691, *in-8. vel.*

5o5. Tablettes chronologiques de l'histoire univer- selle, par Lenglet du Fresnoy. *Paris*, 1763, 3 *vol. in-8. br.*

5o6. Ecclesiasticæ historiæ Eusebii Pamphili, So- cratis, etc. libri, gr. *Lut. Paris. R. Stephanus*, 1544, 2 *vol. in-fol. v. b.*
Avec des notes manuscrites anciennes.

5o7. Sulpicii Severi Opera, cum not. var. *Amst.* 1665, *in-8. v. b.*

5o8. Histoire de l'établissement du Christianisme, par Bullet. *Paris*, 1764, *in-4. v. m.*

5o9. Histoire critique de la créance et des coutumes des nations du Levant, par de Moni, (R. Simon.) *Francfort*, 1684, *in-12 v. b.* == Cérémonies et coutumes qui s'observent aujourd'hui parmi les juifs, traduit de l'italien de Léon de Modène. *La Haye*, 1682, *in-12. v. b.*

5io. Conformité des coutumes des Indiens orien- taux avec celles des juifs et des autres peuples de l'antiquité, (par de La Crequinière.) *Bruxelles*, 1704, *in-12. fig. v. b.*

511. Histoire du concile de Trente, trad. de l'ital. de P. Sarpi, par Le Courayer. *Londres*, 1736, 2 *vol. in-fol. v. f.*

512. Histoire des conciles de Basle, Pise et Constance, par J. Lenfant. *Amst.* 1731, 6 *vol. in-4. fig. v. m.*

513. Les aventures de la Madona et de François d'Assise, par Renoult. *Amst.* 1745, *in-8. fig. v. b.*

514. La monarchie des Solipses, trad. du latin de M. Inchoffer. *Amst.* 1753, *in-12. v. m.*

515. De Sanct. Martyrum cruciatibus, A. Gallonii liber. *Paris.* 1660, *in-4. fig. v. b.*

516. Vita D. Thomæ Aquinatis, Othonis Vænii ingenio et manu delineata. *Antuerp.* 1610, *in-fol. fig. v. b.*

517. Histoire critique des dogmes et des cultes qui ont été dans l'église, depuis Adam jusqu'à Jésus-Christ, (par Jurieu.) *Amst.* 1704, *in-4. v. f.*

518. Relation de l'état de la religion, et par quels desseins elle a été forgée en divers états, trad. de l'angl. de E. Sandis. *Genève*, 1626, *in-12. v. b.*

519. Histoire critique de Manichée et du Manichéisme, par de Beausobre. *Amst.* 1734, 2 *vol. in-4. v. f.*

520. Histoire de la Réformation, par J. Sleidan, trad. par Le Courayer. *La Haye*, 1767, 3 *vol. in-4. v. b.*

Histoire des Juifs, etc.

521. Flavii Josephi Opera omnia, gr. et lat. ed. J. Hudsono. *Oxonii*, 1720, 2 *vol. in-fol. v. b.*

522. Traduction de l'historien Joseph, par le P. Gillet. *Paris* 1756, 3 *vol. in-4. v. m. Gr. Pap.*

523. Histoire du peuple de Dieu, par le P. I. J. Berruyer. *Paris*, 1740, 18 *vol. in-12. v. m.*

st. quatrumans.

512. Cav.

p.   avec le double du n° 509 2° part.

Desforges.

tilliart

p.   517. Cav. pill. 5
                tros piqué, ajouté cinq   518. pil. 2° - 50 c.
                bouquins.

                                      519. Cav. pil. 33

pillet   520. Cav. pil. 9

Mr Bodot.   avec des notes
pillet.   revision imparfaite du tome 4.
porquet.   522. pil. 32

§ 26. pil. 14

Desforges.

St. quatremere

pillet.

Labitte

Mc Bodot.

chimot.

Mc Bodot.

la meme

p.

Mc Bodot.

534 Charles

524. La Main de Dieu sur les incrédules, ou Histoire abrégé des Israélites, par le **P.** Touron.
Paris, 1756, 3 *vol. in-12. bas.*

525. Histoire ancienne des Egyptiens, etc. par
Rollin. *Paris*, 1748, 14 *vol. in-12 v. m. et atlas
in-4. cart.*

526. Dictys Cretensis et Dares Phrygius de bello
Trojano, cum not. var. ed. J. Perizonio. *Amst.*
1702, *in-4. fig. v. m.*

527. De regio Persarum principatu, lib. tres, auct.
Brissonio. *Parisiis*, 1591, *in-12. v. b.* = Notitia
dignitatum imperii romani, ex recens. P. Labbe.
Paris. e typ. reg. 1651, *in-12. v. b.*

Histoire grecque.

528. Pausaniæ græciæ descriptio, gr. et lat. ex
recogn. G. Xilandri. *Hanoviæ*, 1613, *in-fol. vel.*

529. Voyage du jeune Anacharsis en Grèce, (par
l'abbé Barthelemy.) *Paris*, 1788, 4 *vol. et atlas
in-4. br.*

530. Herodoti historiæ gr. *Excud. H. Stephanus,*
1570, *in-fol. v. b.*

531. Idem, gr. et lat. ex recogn. F. Sylburgii.
Francof. 1608, *in-fol. vel.*

532. Xenophontis Opera, græce. *Excud. H. Stephanus,* 1561, *in-fol. v. b.*

533. Idem, gr. et lat. studio J. Leunclavii. *Francof.*
1596, *in-fol. v. b.*
Avec des notes manuscrites.

534. Les Œuvres de Xénophon, trad. en francois,
(par Pyramus de Candole.) *Iverdon*, 1619,
1 *tome en 2 vol. in-8. v. b.*

535. La Cyropédie ou Histoire de Cyrus, trad. du
grec de Xénophon, par M. Dacier. *Paris*, 1777,
2 *vol. in-12. v. m.*
Avec des notes manuscrites.

536. Xenophontis de Cyri expedit. lib. septem, gr. et lat. edente T. Hutchinson. *Oxon. e typ. Clarend.* 1745 , *in-8. v. m.*

537. Xenophontis expeditio Cyri, gr. ex edit. T. Hutchinson. *Glasguæ ,* 1764, 4 *vol. in-8. v. f.* = Ejusd. de Agesilao rege oratio, gr. *Glasguæ ,* 1748 , *in-8. v. f.*

Ces cinq volumes sont chargés de notes manuscrites.

538. L'expédition de Cyrus dans l'Asie supérieure, et la retraite des dix mille , trad. du grec de Xenophon, par Larcher. *Paris ,* 1778 , 2 *vol. in-12. v. m.*

Avec des notes manuscrites.

539. Le même ouvrage , trad. par de La Luzerne. *Paris ,* 1778 , 2 *vol. in-12. fig. v. m.*

540. Diodori Siculi bibliotheca historica, gr. *Excud. H. Stephanus ,* 1559, *in-fol. vel.*

541. Idem, gr. et lat. cum not. P. Wesselingii. *Amst.* 1746, 2 *vol. in-fol. v. f.*

542. Histoire de Philippe, roi de Macédoine, par Olivier. *Paris,* 1740, 2 *vol. in-12. v. m.*

543. Q. Curtii Rufi historia Alexandri Magni , cum not. var. *Amst.* 1689, *in-8. fig. vél. dent.*

544. Examen crit. des anciens historiens d'Alexandre, par de Sainte-Croix. *Paris,* 1775 , *in-4. br. en cart.*

545. N. Cragii de republica Lacedemoniorum lib. IV. 1593, *in-4. v. m.* = J. Meursii Solon, sive de ejus vita, legibus, etc. liber. *Hafniæ,* 1632, *in-4. v. b.*

546. J. Meursii miscellanea Laconica, sive variarum antiquit. Laconicarum lib. IV, edente S. Pufendorfio. *Amst.* 1661, *in-4. v. f.* = J. Meursii de regno Laconico lib. II de Pirraeo liber singul. *Ultraj.* 1687, *in-4. v. b.*

Me Bodot.

Lamy

Labitte

p.

Billarard

St. quatremer

Ct. quatremer

Me Bodot.

543. Bong.

545. alt. 1er

547. C. Luch. am†

Mc Bodot.

p.

p.

Mc Bodot.

Mc Royer

Marié oncle

p.

Salluste est mis Dables par erreur, il
est placé au n° 549

p
Labitte

557. Luch. ez†

Marié oncle

p.

Histoire romaine, etc.

547. Romanæ historiæ scriptores græci minores, gr. et lat. studio F. Sylburgii. *Francof.* 1590, *in-fol.* *m. r.*
Exemplaire de De Thou.

548. Polybii historiarum libri qui supersunt, gr. et lat. cum not. Is. Casauboni. *Paris.* 1609, *in-fol.* *v.f.*

549. C. Crispi Sallustii quæ extant, cum not. var. *Lugd. Bat.* 1654, *in-8. v. b.*

550. C. J. Cæsaris quæ extant, cum not. var. curante J. G. Grævio. *Amst.* 1697, *in-8. fig. vél.* dent.

551. Dionysii Halicarnassei scripta omnia, gr. et lat. opera F. Sylburgii. *Francof.* 1586, *in-fol.* *v. b.*

552. Titi Livii historiæ, ex recens. J. F. Gronovii. *Lugd. Bat. ex off. Elzevir.* 1645, 4 *vol. in-12.* *v. b.*

553. Idem, cura A. Drakenborch. *Lugd. Bat.* 1738, 7 *vol. in-4. v. m.*

554. C. Velleius Paterculus, cum not. var. *Lugd. Bat.* 1659, *in-8. vél.* — C. Crispi Sallustii quæ extant, cum not. var. *Lugd. Bat.* 1654, *in-8. v. b.*

555. M. Velleius Paterculus, cum not. G. Vossii. *Amst. ex off. Elzev.* 1664, *in-12. v. b.*

556. C. C. Taciti opera, ex recens. T. Ryckii. *Lugd. Bat.* 1687, 2 *vol. in-12. vélin.*

557. Idem, cum not. G. Brotier. *Paris.* 1771, 4 *vol. in-4. v. f.*

558. Traduction de quelques ouvrages de Tacite, par de la Bleterie, avec la Lettre de Linguet sur cette traduction. *Paris,* 1755, 3 *vol. in-12. v. m.* et br.

559. Discours hist. crit. et politiques sur Tacite,

trad. de l'anglois de Gordon. *Amst.* 1751, 3 *vol. in-*12. *v. m.*

3 - 5   560. C. Suetonius Tranquillus, cum not. var. curante J. Schildio. *Lugd. Bat.* 1662, *in-*8 . *v. b.*

4 - -   { 561. Idem, notis illustr. *Oxon. e Theat. Sheld.* 1676, *in-*8. *v. b.*

562. L. An. Florus, cum not. var. *Neomagi*, 1662, *in-*8. *v. f.*

14 - 60   563. Appiani Alexandrini historiæ, gr. et lat. cum annot. H. Stephani. *Excud. H. Stephanus*, 1592, *in-fol. v. j.*

15 - -   564. Dionis Cassii Romanarum histor. lib. xxv, gr. et lat. *Excud. H. Stephanus*, 1591, *in-fol. v. b.*

100 - -   565. Cassii Dionis historiæ romanæ quæ supersunt, gr. et lat. ex recens. H. S. Reimari. *Hamburgi*, 1750, 2 *vol. in-fol. v. f.*

3 - -   566. Herodiani historiæ, gr. et lat. cum not. var. *Oxon. e Th. Sheld.* 1678, *in-*8. *v. b.*

3 - - -   567. Les Césars de l'empereur Julien, trad. du grec. *Paris*, 1683, *in-*4. *fig. v. b.*

Avec des notes manuscrites.

5 - -   568. S. Aurelii Victoris hist. romanæ breviarium, cum not. var. *Lugd. Bat.* 1670, *in-*8. *v. f.*

3 - -   569. Eutropii breviarium hist. romanæ, cum Pæanii metaphrasi græca, cum not. var. *Oxon. e Th. Sheld.* 1703, *in-*8. *v. b.*

Avec beaucoup de notes manuscrites.

9 - 25   570. Ammiani Marcellini rerum gestarum lib. xviii, curante H. Valesio. *Parisiis*, 1681, *in-fol. v. f.*

2 - 10   571. Zosimi historiæ, gr. et lat. ex recens. Fr. Sylburgii. *Cizœ*, 1679, *in-*8. *v. b.*

Avec des notes manuscrites.

37 - 60   572. Histoire romaine, par Rollin. *Paris*, 1748, 16 *vol. in-*12. *v. m.*

2 - 65   573. Historiæ augustæ scriptores vi, cum not. var. *Lugd. Bat.* 1661, *in-*8. *v. b.*

p.

Mc Bodot.

Mc Royer

Mc Bodot.

Et. quatremer .

Mc Chollet.

p.

filliard .

p

Mc Chollet.

Mc Bodot.

Ct. quatremere

Mc Chollet

avec 3 Ronquins

565. alt. pet

Syy. alt. m^t Letr.
Sy 8. pil. y^t so C.

Et. quatremere

Labitte

pillet.

gregoire

p.

p.

p.

p.

Et. quatremere

avec 2 Bouquins

p.
p.

574. Histoire des empereurs romains, depuis Auguste jusqu'à Constantin, par Crevier. *Paris,* 1749, 12 *vol. in-*12. *v. m.*

575. Recherches historiques sur le gouvernement politique, civil et militaire des Romains, par Delamarche. *Paris,* 1806, *in-*8. *bas.*

576. Procopii Cæsariensis arcana historia, gr. et lat. *Romæ,* 1623, *in-fol. v. b.*

577. Joannis Antiocheni cognomento Malalæ historia chronica, gr. et lat. cum not. E. Chilmeadi. *Oxonii,* 1691, *in-*8. *v. f.*

578. Histoire des révolutions de l'empire de Constantinople, par De Burigny. *Paris,* 1750, 3 *vol. in-*12. *v. m.*

Histoire de France, etc.

579. Notice de l'ancienne Gaule, par D'Anville. *Paris,* 1760, *in-*4. *v. m. avec la carte.*

580. Dissertations sur la Mythologie françoise, par Bullet. *Paris,* 1771, *in-*12. *v. m.*

581. Nouvel abrégé chron. de l'Histoire de France, par le Prés. Hénault. *Paris,* 1749, *in-*4. *v. m.*

582. Histoire de la vie et du règne de Louis xiv, par Bruzen de la Martinière. *La Haye,* 1740, 5 *vol. in-*4. *v. m.*

583. Histoire du Parlement de Paris, (par Voltaire.) *Amst.* 1769, 2 *tom. en* 1 *vol. in-*8. *v. éc.*

584. Gyges Gallus, P. Firmiano auctore. *Parisiis,* 1658, *in-*4. *v. b.*

585. Histoire générale d'Allemagne, par le P. Barre. *Paris,* 1748, 10 *tom. en* 6 *vol. in-*4. *v. f.*

586. Histoire des Provinces-Unies des Pays-Bas, par Le Clerc. *Amst.* 1723, 2 *vol. in-fol. fig. v. f.*

587. Relationi del cardinal Bentivoglio. *In Colonia,* 1646, *in-*8. *v. b.* == Memorie del medesimo. *Venetia,* 1648, *in-*4. *v. m.*

588. Mémoires critiques sur l'ancienne Histoire de la Suisse, par L. De Bochat. *Lausanne*, 1747, 3 *vol. in-4. fig. v. m.*

589. Mémoires pour servir à l'Histoire d'Espagne, sous le règne de Philippe V, par le marquis de Saint-Philippe, trad. de l'espagnol. *Amst.* 1756, 4 *vol. in-12. v. m.*

590. Histoire des révolutions d'Angleterre, par le P. D'Orléans. *La Haye*, 1729, 2 *tomes en* 1 *vol. in-4. v. m.*

591 Histoire navale d'Angleterre, trad. de l'Anglois de T. Lédiard. *Lyon*, 1751, 3 *vol. in-4. v. b.*

592. Histoire des révolutions de Suède et de Portugal, par de Vertot. *Paris*, 1750 *et* 1751, 3 *vol. in-12. v. f.*

593. Histoire de Charles XII, par Voltaire. *Basle*, 1731, 2 *vol. in-12. v. j.*

Histoire orientale, etc.

594. Recherches sur l'origine du despotisme oriental, par Boulanger. *Londres*, 1763, *in-8. m. r.*

595. Histoire générale de la religion des Turcs, par Baudier. *Paris*, 1625, *in-4. vél.*

596. Histoire de l'estat présent de l'empire Ottoman, trad. de l'angl. de Ricaut, par Briot. *Paris*, 1670, *in-4. fig. v. f.*

597. H. Relandi Palestina, ex monumentis veteribus illustrata. *Trajecti Bat.* 1714, 2 *vol. in-4. fig. vél.*

598. Recherches philosophiques sur les Égyptiens et les Chinois, par de Paw. *Berlin*, 1773, 2 *vol. in-12. v. f.* == Recherches philosophiques sur les Américains, avec la défense, par de Paw. *Berlin*, 1768, 3 *vol. in-8. v. f.*

599. Description du cap de Bonne-Espérance, par P. Kolbe. *Amst.* 1743, 3 *vol. in-12. v. m.*

p.

p.   avec 2 Bouquins

p.

Et. quatrième   avec un Double du 1er.   594. Car.

idem   avec un minucius felix. Var. v 6.

Merlin

St. quatrième

idem

603. Letr.

604. Letr.

Labitte

Simonet.

galliot.

tilliard.

ct. quatremere

idem

idem

600. Histoire de la conquête du Mexique, trad. de
l'espagnol de Solis. *Paris*, 1691, *in-4. v. f.*

Antiquités, etc.

601. L'Antiquité dévoilée par ses usages, par Boulanger. *Amst.* 1768, 3 *vol. petit in-8. v. f.*

602. De Religione gentilium, errorumque apud eos
causis, auct. Herbert de Cherbury. *Amst.* 1663,
in-4. v. b.

603. J. Lomeieri de vet. gentilium lustrationibus syntagma. *Ultraj.* 1681, *in-4. v. m.* == A. van
Dale de oraculis Ethnicorum dissert. duæ. *Amst.*
1683, *in-8. v. b.*

604. Sibyllina oracula, gr. et lat. stud. S. Gallæi.
Amst. 1689, *in-4. v. b.* == Ejusd. dissertationes
de sibyllis earumque oraculis. *Amst.* 1688, *in-4.*
fig. v. f.

605. A. Solerius de pileo, cæterisque capitis teg-
minibus. *Amst.* 1672, *fig.* == H. Bossii de toga
romana comment. *Amst.* 1671, *in-12. fig. v. b.*

606. J. G. Stuckii Opera, continent. Antiquitatum
convivialium libros, etc. *Lugd Bat.* 1695, *in-fol.*
v. f.

607. Traité des festins, par Muret. *Paris*, 1682,
in-12. v. b.

608. De tesseris hospitalitatis liber, auct. J. P. To-
masino. *Utini*, 1647, *in-4. fig. v. f.*

609. De coronis et tonsuris paganorum, judæo-
rum, christianorum lib. tres, auctore P. Stellar-
tio. *Duaci*, 1625, *in-8. v. m.*

610. C. Paschalii coronæ. *Paris.* 1610, *in-4.*
m. r. == J. Schefferi de militia navali veterum
lib. IV. *Ubsaliæ*, 1654, *in-4. fig. v. b.*

611. C. Paschalii coronæ. *Lugd. Bat.* 1671, *in-8.*
v. b. == J. C. Bulingeri de circo Romano, ludisque circensibus liber. *Lut. Par.* 1598, *in-8. v. m.*

avec 611 . {612. J. Lydii syntagma sacrum de re militari. *Dordraci,* 1698, *in-4. fig. v. j.*

613. Agonisticon P. Fabri, sive de re athletica ludisque vet. gymnicis, musicis, etc. tractatus. *Lugd.* 1592, *in-4. v. f.*

614. Funérailles et diverses manières d'ensevelir des Romains, Grecs, etc. par C. Guichard. *Lyon,* 1581, *in-4. fig. v. f.*

615. J. Lipsii de cruce libri tres. *Amst.* 1670, *in-*18. *fig. v. b.* ═ Th. Bartholinus de cruce christi. *Amst.* 1670, *in-*18. *fig. v. b.* ═ Titulus sanctæ crucis, auth. H. Nicqueto. *Antuerp.* 1670, *in-*18. *fig. v. b.*

{616. Justi Lipsii opuscula quæ antiquit. romanas spectant selectissima. *Lugd. Bat.* 1693, 2 *vol. in-4. fig. v. b.*

617. J. Rosini antiquitates romanæ, cum notis, curante C. Schrevelio. *Amst.* 1685, *in-4. v. r.*

{618. H. Kippingii antiquit. Romanarum lib. IV. *Lugd. Bat.* 1708, *in-*8. *fig. v. b.*

619. Discours de la religion des anciens romains, de la castrametation, etc. par G. du Choul. *Lyon,* 1580, *in-4. fig. v. j.*

620. P. Merulæ opera varia posthuma de sacrificiis, sacerdotibus, etc. romanorum. *Lugd. Bat.* 1684, *in-4. v. f.* ═ Dialogue sur la musique des anciens, (par l'abbé de Châteauneuf.) *Paris,* 1725, *in-*12. *fig. v. f.*

621. Histoire abrégée des empereurs romains et grecs pour lesquels on a frappé des médailles, avec leur valeur, par Beauvais. *Paris,* 1767, 3 *vol. in-*12. *v. m.*

622. C. Arbuthnotii Tabulæ antiq. nummorum, ex anglica lingua in latinam conversæ a D. Konigio. *Lugd. Bat.* 1764, *in-4. fig. bas.*

613. Letr.

614. Car.

galliot.

M^e chollet.

M^e chollet.

martin

garnot.

idem

623. Letr.

Simonet.

625. Letr.

626. marg. xt

p.

Filliard.

Gilliard

Simonet.

m^e Bodet.

631. alt. m̈at quat. 22

633. C.

623. J. G. Pfennigk de rei numariæ mutatione et augmento opusc. *Lipsiæ,* 1692, *in-8. v. f.*

624. G. Budæi de asse et partibus ejus lib. v. *Basil.* 1556, *in-fol. v. b.*

625. Miscellanea eruditæ antiquitatis, auct. J. Sponio. *Lugd.* 1685, *in-fol. fig. v. b.*

Histoire littéraire, etc.

626. Polydori Vergilii de inventoribus rerum libri VIII. *Amst. D. Elzevir.* 1671, *in-12. v. b.*

627. Recherches curieuses sur la diversité des langues et des religions, trad. de l'angl. de Brerewood, par J. de La Montagne. *Paris,* 1640, *in-8. m. cit.*

628. Lettres sur l'origine des sciences, et sur l'Atlantide de Platon, par Bailly. *Paris,* 1777 et 1779, 2 *vol. in-8. v. m.*

629. G. J. Vossii de historicis græcis et latinis lib. *Lugd. Bat.* 1651, 2 *vol. in-4. v. b.*

630. Bibliothèque françoise, par l'abbé Goujet. *Paris,* 1740, 18 *vol. in-12. v. b.*

631. Photii bibliotheca librorum quos legit et censuit, gr. et lat. ed. A. Schotto. *Rothomagi,* 1653, *in-fol. v. b.*

632. Bibliographie instructive, par G. F. De Bure le jeune. *Paris,* 1763, 7 *vol. in-8. vél. vert.* = Catalogue de Gaignat, par le même. *Paris,* 1769, 2 *vol. in-8. vél. vert.* = Bibliographie, tome 10e, (par Née de La Rochelle.) *Paris,* 1782, *in-8. br.*

Le premier ouvrage est intercalé de papier blanc, avec des notes manuscrites de M. De Bure de Saint-Fauxbin ; le second avec les prix de la vente.

633. Le même Catalogue de Gaignat. 2 *vol. in-4. v. f. Gr. Pap.*

Exemplaire avec les prix que les livres avoient coutés à M. Gaignat, suivant une note signée par G. F. De Bure le jeune.

634. Le même Catalogue. 2 *vol. in*-8. *v. f.*
Avec les prix d'une estimation faite par M. De Bure le jeune,
pour vendre la bibliothèque en gros, suivant une note signée de lui.

635. Catalogue des livres de feu M. Le Marié, par Guil. De Bure. *Paris,* 1776, *in*-8. *v. m. avec les prix.*

636. Catalogue des livres du cabinet de Randon de Boisset, par G. De Bure. *Paris,* 1777, *in*-12. *v. m. avec les prix. Pap. Fort.*=Catalogue des tableaux et dessins du même, par P. Remy. *Paris,* 1777, *in*-12. *v. m. avec les prix.*

Biographie ancienne et moderne.

637. Plutarchi Opera omnia, gr. et lat. *Francof.* 1599, 2 *vol. in-fol. v. b.*

638. Ejusdem vitæ parallelæ, gr. et lat. recens. A. Bryano. *Londini,* 1729, 5 *vol. in*-4. *v. f.* = Ejusd. Apophthegmata regum et imperatorum, gr. et lat. (cura M. Maittaire.) *Lond.* 1741, *in*-4. *v. f.*

639. Diogenes Laertius de vitis philosophorum, gr. et lat. cum. not. Casauboni. *Excud. H. Stephanus,* 1594, 2 *vol. in*-8. *v. m.*

640. Idem opus, gr. et lat. cum not. Æg. Menagii. *Londini,* 1664, *in-fol. v. f. Ch. Mag.*

641. Idem Diogenes Laertius, gr. et lat. ed. Æ. Menagio. *Amst.* 1692, 2 *vol. in*-4. *v. f.*

642. Eunapius Sardianus de vitis philosophorum et sophistarum, gr. et lat. studio H. Commelini. *Colon. Allob.* 1616, *in*-8. *v. j.* = Historia mulierum philosopharum, auct. E. Menagio. *Lugduni,* 1690, *in*-12. *v. b.*

643. Cornelii Nepotis vitæ excellentium imperatorum, cum not. var. *Lugd. Bat.* 1675, *in*-8. *vél.*

644. Histoire des sept Sages, par De Larrey. *La Haye,* 1734, 2 *vol. in*-12. *v. m.* = Les vies

634. C.

Merlin

iéen

m.e Chollet.

gregin   avec des notes b.ll.   638. alt. hm.t
                                                          hucal. azz.t

M.e chollet.

tilliard

st. quatremere   641 quat. 48.

feuillet.

m.e chollet

Lamy

645. lueth h$^+$ 50 c.

648. Car.

choice

idem

feuillet.

idem

Caron

hilliard.

Caron

idem

des poètes grecs en abrégé, par Lefèvre. *Basle,*
1766, *in-*12. *v. f.*

645. Jamblichi de vita Pythagorica liber, gr. et lat.
cum not. L. Kusteri. *Amst.* 1707, *in-*4. *v. f.*

646. De vita et moribus Epicuri lib. octo, auct. P.
Gassendo. *Hag. Com.* 1656, *in-*4. *v. b.* = Jam-
blichus de vita Pythagoræ, gr. et lat. ex interp. J.
A. Theodoreti. *In Bibliop. Commeliniano,* 1598,
*in-*4. *v. b.*

647. C. Plinii Secundi jun. vita, studio J. Masson.
Amst. 1709, *in-*8. *v. b.*

648. La vie de Mahommed, par le comte de Bou-
lainvilliers. *Amst.* 1731, *in-*12. *v. f.*

649. La vie de Mahomet, trad. de l'alcoran, par
Gagnier. *Amst.* 1732, 2 *vol. in-*12. *v. b.*

650. De græcis illustribus linguæ græcæ literarum-
que humaniorum instauratoribus, eorum vitis,
etc. libri duo, auct. H. Hodio. *Londini,* 1742,
*in-*8. *v. f.*

651. Les Éloges des hommes savants, tirés de
l'Histoire de M. De Thou, par Teissier. *Leyde,*
1715, 4 *vol. in-*12. *v. b.*

652. Insignium aliquot virorum icones. *Lugduni,*
1559, *in-*8. *fig. v. j.*

653. Mémoires sur la vie et les ouvrages de plusieurs
modernes célèbres dans la république des Lettres,
par Ancillon. *Amst.* 1709, *in-*8. *v. j.*

654. La vita di Cesare Borgia, da Tomaso Tomasi.
In monte Chiaro, 1611, *in-*12. *m. r.*

655. Vie du chancelier de L'Hôpital, (par Lévêque
de Pouilly.) *Paris,* 1764, *in-*12. *v. m.* —Vie de
Bossuet, par de Burigny. *Paris,* 1761, *in-*12. *v. m.*

656. Vie du cardinal Du Perron, par De Burigny.
Paris, 1768, *in-*12. *v. m.* = Histoire de la vie de
Fénelon. *La Haye,* 1723, *in-*12. *v. m.*

657. Mémoires de la vie de J . A . De Thou. *Amst.* 1713, *in-*12. *v. f.* == La vie de P. Mignard, par De Monville. *Paris,* 1730, *in-*12. *v. m.*

658. Vie de Pierre Gassendi. *Paris,* 1737, *in-*12. *v. m.* == J. Clerici vita. *Amst.* 1711, *in-*12. *v. b.*

659. P. D. Huetii comment. de rebus ad eum pertinentibus. *Amst.* 1718, *in-*12. *v. b.* == Histoire de la vie et des ouvrages de La Croze, par Jordan. *Amst.* 1741, *in-*12. *v. m.*

660. Vie d'Érasme, par De Burigny. *Paris,* 1757, 2 *vol. in-*12. *v. m.*

661. Vie de Grotius, par De Burigny. *Paris,* 1752, 2 *vol. in-*12. *v. m.*

662. Entretiens sur les vies et sur les ouvrages des plus excellents peintres anc. et mod. par Félibien. *Paris*, 1685, 3 *vol. in-*4. *v. f.* == Recueil hist. de la vie et des ouvrages des plus célèbres architectes, par le même. *Paris,* 1696, *in-*4. *v. b.*

663. Abrégé de la vie des plus fameux peintres, avec leurs portraits gravés en taille douce, (par Dezallier D'Argenville.) *Paris,* 1762, 4 *vol. in-*8. *v. m.*

Dictionnaires et extraits historiques.

664. Dictionarium historicum, geographicum, poeticum a C. Stephano, edente N. Lloydio. *Londini,* 1686, *in-fol. v. b.*

665. J. J. Hofmanni lexicon universale. *Lugd. Bat.* 1698, 4 *vol. in-fol. v. m.*

666. Dictionnaire historique et critique, par P. Bayle. *Rotterd.* 1697, 4 *vol. in-fol. v. b.*

667. Dictionnaire historique, par Moreri. *Paris,* 1718, 5 *vol. in-fol. v. b.*

668. Cl. Æliani sophistæ varia historia, gr. et lat. cum not. var. curante A. Gronovio. *Lugd. Bat.* 1731, 2 *tom.* en 1 *vol. in-*4. *vél.*

m Bodot.

p.   avec un Berquin

Labitte
mᶜ Bodot.

pierre

idem

mᶜ Bodot.

Martin

chalet p.
Bordier

mᶜ Bodot.

Gyo. Luch. ah+

M. Sarri de 1+ marc.

chobee.

669. Valerii Maximi dictorum factorumque memorabilium lib. IX, cur. not. J. Lipsii. *Lugd. Bat.*
   1640, *in-12. v. f.*
670. Idem, cur. A. Torrenio. *Leidæ,* 1726, 2 *vol.*
   in-4. v. m.

www.ingramcontent.com/pod-product-compliance
Lightning Source LLC
LaVergne TN
LVHW050055060726
842524LV00003B/791